森川ワールド：プラス 1

情報革新と経営革新

森川 信男

学文社

はしがき

　1960年代からたゆみなく進展してきた情報化は，1960〜1970年代のＤＰ化，1980〜1990年代のＯＡ化を経て，21世紀のＩＴ化・ＩＣＴ化が叫ばれてからすでに十年を経過した今日でも，依然としてその進展は留まるところを知らない。否，むしろこれまでの情報化は，「情報革命」なる真の意味からみるとその「夜明け前」に過ぎなかったかの如く，いま正に本格的な情報化時代の到来を迎えつつあると言っても過言ではない。

　たとえば，特に最近における iPhone に代表されるスマートフォンや，iPad に代表されるタブレット端末の画期的な開発・普及に加えて，「ブロードバンド化」や「無線LAN化」，「データセンター化」や「クラウド化」の展開によって，組織から個人や社会にまで至る「電子商取引化」や「電子書籍化」，「スマートグリッド化」や「テレワーク化」などの進展が現実の様相を帯びてきている。

　「情報革新」は，本質的には情報思考と情報技術という視点から捉えられるが，さらに以下の如き三つの基本的な局面において捉えられる。第一は，情報インフラ対情報コンテンツ，すなわち情報基盤整備と情報内容開発という観点からの接近である。両者は，相互関連的・相互補完的に捉えることができ，情報化を進展するための車の両輪であるが，従来はともすれば前者が先行してきたきらいがある。

　第二は，情報機能と情報空間という観点からの接近である。両者は情報処理対情報伝達という対比とも関連を有するが，必ずしも厳密に対応しているわけではない。従来は，ともすれば前者の情報機能の革新が先行してきたきらいがあるが，両者は情報化に至る車の両輪であり，情報化の展開を図っていくためには両面における均衡的な進展が希求されよう。

　第三は，業務情報化と情報業務化という観点からの接近である。両者は企業領域における対比であり，いま産業領域において捉えると産業情報化と情報産

業化ということになる。両者は企業面・産業面のそれぞれにおいて相互に密接な関係を有するのみならず，さらに企業面・産業面の相互間においても重層的な関係を有する。

一方「経営革新」は，本質的には「意思決定と情報」という視点から捉えられるが，さらに以下の如き三つの基本的な局面において捉えられる。第一は，基幹業務と補助業務という観点からの接近である。両者は「事業目的・事業対象」対「業務手段・業務方法」として対比的に捉えることができる。前者は環境からどのような資源（たとえば原材料や部品）を獲得し，環境に対してどのような資源（たとえば製品やサービス）を提供していくのか，後者はそうした資源の獲得から提供に至るプロセスを，どのようにすれば有効性と能率を高めることができるのかという局面である。

第二は，内部環境と外部環境という観点からの接近である。これは経営組織と経営環境という視点における「経営環境」から捉えたものであるが，いま同様に「経営組織」から捉えれば内部組織と外部組織という対比になる。両者においてそれぞれどのように経営革新がなされるのかということであり，統合と連携という対比とも密接に関連している。

第三は，実際企業と仮想企業という観点からの接近である。物流体制と情流体制という対比とも関連を有するが，両者は必ずしも厳密に対応しているわけではない。仮想企業は決してある日突然に出現してきたわけではなく，情報化の進展にともなって出現するべくして出現してきたものである。両者をどのように相互関連的・相互補完的に捉えていくかという命題は，現代的な経営革新における要諦である。

「学問に志す者は，常に体系（システム）を求めてやまない。」これは，筆者が大学入学後初めて受講した，故向坊長英元青山学院大学教授・宗教部長の「哲学」講義における最初の言葉であった。それ以来，この言葉は「情報」なる概念とともに，折に触れて筆者の脳裡に深く刻まれて今日に至っている。

筆者の学問研究におけるささやかな歩みを振り返ってみると，正に文字通り「最初に言葉があった（ヨハネによる福音書第1章第1節）」というような情況

はしがき　iii

にあり，「システム」ならびに「情報」なる概念に深い関心を持ち，常にこうした視点からとりわけ組織・社会を取り巻く現象の解明に微力を注いできた。

「森川ワールド：情報ネットワーク化時代」というシリーズ名を冠して，「システム」ならびに「情報」なる視点から組織・社会における情報化の進展についての「体系的な研究」，といった高邁な理想を掲げて取り組んできた微力な研究成果も，「システムと情報」「オフィスとテレワーク」「経営システムと経営情報」「コンピュータとコミュニケーション」「社会システムと社会情報」と5巻を数え，残すところはあと「ネットとメディア」の1巻のみとなっている。

今般，さらに「森川ワールドプラス」として，「情報革新と経営革新」を執筆するに至ったのは，次の三つの事情によるところが大きい。第一に，これまで刊行した5巻はすべて300頁を遙かに超える分量となり，教育・教材として有効な活用を図るためには，もっとスリム化・コンパクト化を図る必要があること。第二に，スリム化・コンパクト化を補完するためには，もっと大幅なビジュアル化・チャート化を図る必要があること。第三に，ＩＴ化・ＩＣＴ化の進展はますます留まるところを知らないかの如き様相を呈してきているので，適宜そうした革新について探究する必要があること。

最後に，一見するとある日突然に閃いたように思えるどのような思考や知見も，実際には決して一朝一夕に現出するものではなく，それ相応の長い年月をかけて生まれるべくして生まれたものが多いことであろう。そこで，思考や知見の源流を辿る必要性から，巻末の文献資料編を大幅に拡充し，筆者のささやかな研究成果の一覧も付け加えた。

本書は，こうした新たな視点から執筆に至ったものであるが，教育・教材として広く有効に活用することができれば幸いである。

2011年季春

森川　信男

目　　次

はしがき

第1章　情報思考の展開 ………………………………………………1

第1節　二つのＩＴ ……………………………………………………1
　1．「ＩＴ」の本質的意味 ……………………………………………1
　2．「情報化」の本質的意味 …………………………………………2
　3．「情報」の本質的意味 ……………………………………………3

第2節　情報の語義 ……………………………………………………4
　1．情報と物質・エネルギー …………………………………………4
　2．情報とデータ・知識 ………………………………………………5
　3．情報とコミュニケーション ………………………………………6

第3節　情報の価値 ……………………………………………………7
　1．時間的価値 …………………………………………………………8
　2．集積的価値 …………………………………………………………9
　3．共有的価値 ………………………………………………………10

第4節　情報の伝達 …………………………………………………10
　1．効率性問題 ………………………………………………………12
　2．意味性問題 ………………………………………………………13
　3．有効性問題 ………………………………………………………13

第5節　情報の選択 …………………………………………………14
　1．現場指向 …………………………………………………………15

2．複眼指向 ··· 16
　　3．人間指向 ··· 16

第2章　情報技術の発展 ··· 19

第1節　コンピュータの本質 ··· 19
　　1．コンピュータの出現 ··· 19
　　2．コンピュータの構成 ··· 20
　　3．コンピュータの発展 ··· 21

第2節　DP時代の特徴 ··· 23
　　1．ハイブリッド化 ·· 23
　　2．IC化 ·· 23
　　3．ファミリーシリーズ化 ··· 24
　　4．オンライン化 ·· 25

第3節　OA時代の特徴 ··· 25
　　1．ニューメディア化 ·· 25
　　2．データベース化 ·· 26
　　3．POS化 ·· 27
　　4．パラレル化 ··· 28

第4節　IT時代の特徴 ··· 29
　　1．ネオダマ化 ··· 29
　　2．インターネット化 ·· 30
　　3．ブロードバンド化 ·· 31
　　4．ユビキタス化 ·· 31

第3章　ＩＴによる情報変革 …………………………………………35

第1節　情報化政策の本質 ………………………………………35
　　1．コンピュータ化 ……………………………………………36
　　2．コミュニケーション化 ……………………………………36
　　3．プロパティー化 ……………………………………………37

第2節　情報ビジネスの変遷 ……………………………………38
　　1．ハードウエアビジネス ……………………………………38
　　2．コンポーネントビジネス …………………………………40
　　3．ソフトウエアビジネス ……………………………………41
　　4．ネットウエアビジネス ……………………………………42
　　5．コンテンツビジネス ………………………………………43
　　6．ソリューションビジネス …………………………………44

第3節　オフィスの情報化 ………………………………………46
　　1．原始オフィス時代 …………………………………………46
　　2．ＤＰオフィス時代 …………………………………………48
　　3．ＯＡオフィス時代 …………………………………………48
　　4．ＩＴオフィス時代 …………………………………………49

第4章　ＩＴによる組織変革 …………………………………………51

第1節　経営資源システムの本質 ………………………………51
　　1．経営組織と経営資源 ………………………………………51
　　2．基幹プロセスと補助プロセス ……………………………52
　　3．生産企業組織の経営システム ……………………………53

第2節　経営資源システムの種別 ………………………………55
　　1．人流型システム ……………………………………………57

2．物流型システム……………………………………………………57
　　3．金流型システム……………………………………………………57
　　4．情流型システム……………………………………………………58

　第3節　経営資源システムの情報化……………………………………58
　　1．業務情報化と情報業務化…………………………………………58
　　2．業務情報化から情報業務化へ……………………………………60
　　3．情報業務化から業務情報化へ……………………………………61
　　4．業務情報化と情報業務化の相互関係……………………………61
　　5．経営資源システムの情報化図式…………………………………62

第5章　ITによる経営変革……………………………………………67

　第1節　経営組織と経営環境……………………………………………67
　　1．システムと環境……………………………………………………67
　　2．情報と環境…………………………………………………………69
　　3．組織と環境…………………………………………………………72

　第2節　経営決定システムの本質………………………………………73
　　1．問題解決の方法……………………………………………………74
　　2．問題の次元…………………………………………………………75
　　3．意思決定の主体……………………………………………………77
　　4．意思決定のプロセス………………………………………………78
　　5．意思決定のタイプ…………………………………………………80
　　6．意思決定のレベル…………………………………………………81

　第3節　経営決定システムの情報化……………………………………82
　　1．情報システムの内包段階…………………………………………82
　　2．情報変換の分離独立段階…………………………………………83
　　3．情報蓄積の分離独立段階…………………………………………83

4．情報伝達の分離独立段階……………………………83
　　5．情報システムの拡充段階………………………………84
　　6．情報システムの分離段階………………………………84

第6章　経営業務へのIT活用……………………………87

第1節　コミュニケーションのネット化………………87
　　1．コミュニケーションのツール…………………………87
　　2．コミュニケーションの価値……………………………88
　　3．コミュニケーションの態様……………………………90

第2節　オフィスのバーチャル化………………………91
　　1．オフィスの情報空間と情報機能………………………91
　　2．リアルオフィスとバーチャルオフィス………………92
　　3．バーチャルオフィスの展開……………………………93
　　4．オフィスのリアル化とバーチャル化…………………95

第3節　ビジネスのネットサービス化…………………96
　　1．ネットサービス化の展開………………………………96
　　2．予約型ネットサービス…………………………………97
　　3．完結型ネットサービス…………………………………99

第7章　企業経営へのIT活用……………………………101

第1節　実際企業と仮想企業の相互補完………………101
　　1．ネット化の進展…………………………………………101
　　2．リアル化の進展…………………………………………102
　　3．リアル化とネット化の相互連携………………………103

第2節　物流体制と情流体制の相互補完 …………………………… 104
    1．企業経営と経営資源 ……………………………………………… 104
    2．経営資源と情報資源の相互転化 ………………………………… 107
    3．物流化と情流化の相互連携 ……………………………………… 109

第3節　基幹部門と補助部門の相互補完 …………………………… 110
    1．組織と組織環境の相互連携 ……………………………………… 110
    2．基幹業務と補助業務 ……………………………………………… 112
    3．個体企業内部における相互連結 ………………………………… 113

第4節　個体企業と外部組織の相互連携 …………………………… 114
    1．外部組織との相互連携 …………………………………………… 114
    2．相互連携の拡大 …………………………………………………… 114
    3．外部機関との相互連携 …………………………………………… 116

第8章　企業経営業務へのIT活用事例 ……………………………… 117

第1節　企業経営業務とIT活用 ……………………………………… 117
    1．経営基幹業務とIT活用 ………………………………………… 117
    2．経営補助業務とIT活用 ………………………………………… 118
    3．企業経営業務における情報化の段階 …………………………… 118

第2節　生産業務におけるIT活用事例 ……………………………… 120
    1．生産業務とIT活用 ……………………………………………… 120
    2．サプライチェーンマネジメントの本質 ………………………… 120
    3．IT化による生産業務の図式 …………………………………… 121
    4．生産業務へのICT化展開事例 ………………………………… 121

第3節　流通業におけるIT活用事例 ………………………………… 123
    1．流通業務とIT活用 ……………………………………………… 123

2．eトレーサビリティの本質……………………………………124
　　3．IT化による流通業務の図式…………………………………124
　　4．流通業務へのICT化展開事例………………………………126

補　論　合理的意思決定過程の情報可視化
―日常生活上の意思決定事例からみた「情報」―……129

　序……………………………………………………………………………129

　第1節　意思決定の本質……………………………………………………130
　　1．意思決定の決定主体……………………………………………131
　　2．意思決定の決定対象……………………………………………132
　　3．意思決定の決定過程……………………………………………133
　　4．意思決定の決定類型……………………………………………133

　第2節　意思決定と情報……………………………………………………135
　　1．「意思決定と情報」の環境変化…………………………………135
　　2．情報公開化と情報保護化………………………………………136
　　3．決定可視化と情報可視化………………………………………137
　　4．意思決定における情報可視化…………………………………141

　第3節　合理的意思決定メカニズム………………………………………142
　　1．変数の抽出と確定………………………………………………144
　　2．測定間隔値の設定と要件決定…………………………………146
　　3．代替案の設定と測定……………………………………………148
　　4．代替案の集計と比較……………………………………………149
　　5．測定尺度の種類と意味…………………………………………151

　第4節　「賃貸住宅選定」の合理的意思決定過程…………………………154
　　1．「合理的意思決定」の意味と意義………………………………154

2．賃貸住宅選定における選択要因の抽出……………………………… 157
　3．賃貸住宅選定における判断基準の設定……………………………… 160
　4．賃貸住宅選定における代替物件の抽出……………………………… 160
　5．賃貸住宅選定における代替物件の比較検討………………………… 162

結……………………………………………………………………………… 163

文献資料編
　1．引用文献………………………………………………………………… 167
　2．参考文献………………………………………………………………… 169
　3．拙稿論文目録（青山学院大学研究誌関係）………………………… 179
　4．拙著著書目録（一部調査研究報告書含む）………………………… 185
　5．拙著『森川ワールド（全6巻)』総合目次一覧……………………… 188
　6．拙著『森川ワールドプラス（全4巻)』総合目次一覧……………… 196
　7．事項索引………………………………………………………………… 201
　8．人名索引………………………………………………………………… 209
　9．社名索引………………………………………………………………… 210

図表目次一覧表

〈第1章〉
図表1　ＩＴの本質的意味……………………………………………………… 2
図表2　情報と物質・エネルギー……………………………………………… 5
図表3　情報概念の階層………………………………………………………… 6
図表4　情報の価値特性………………………………………………………… 8
図表5　通信系の一般的図式………………………………………………… 11
図表6　情報伝達の基本問題………………………………………………… 12
図表7　情報の選択視点……………………………………………………… 15

〈第2章〉
図表8　コンピュータの基本構成…………………………………………… 20
図表9　パソコンの基本構成………………………………………………… 21
図表10　ＩＴの発展段階別特性比較………………………………………… 22
図表11　データ概念の階層…………………………………………………… 27

〈第3章〉
図表12　情報化政策の段階…………………………………………………… 36
図表13　情報ビジネスの類型………………………………………………… 38
図表14　情報化からみたオフィスの変革段階……………………………… 47

〈第4章〉
図表15　経営資源の流れからみた経営組織………………………………… 54
図表16　経営資源の流れからみた経営システム（生産企業組織）……… 55
図表17　経営システムの類型と例示（経営資源の流れからみた）……… 56
図表18　企業と産業の情報化（類型図）…………………………………… 63
図表19　企業と産業の情報化（循環図）…………………………………… 63
図表20　業務情報化…………………………………………………………… 64
図表21　情報業務化…………………………………………………………… 64
図表22　情報産業化…………………………………………………………… 65
図表23　産業情報化…………………………………………………………… 65

〈第5章〉
図表24　個体（システム）と環境…………………………………………… 68
図表25　システムの階層……………………………………………………… 69
図表26　資源プロセスからみた組織の外部環境（生産企業組織）……… 70

図表27 個体における情報と環境……………………………………………… 71
図表28 情報形成………………………………………………………………… 74
図表29 問題と問題解決………………………………………………………… 75
図表30 問題の次元……………………………………………………………… 76
図表31 意思決定主体からみた意思決定の類型……………………………… 77
図表32 意思決定のプロセス…………………………………………………… 79
図表33 意思決定のタイプ……………………………………………………… 80
図表34 経営意思決定の具体例示（決定レベルと決定タイプからみた）……… 81
図表35 情報システムと決定システム，実行システムの関係変容………… 86

〈第6章〉
図表36 ＩＣＴ化時代のリアルオフィスとバーチャルオフィス…………… 96
図表37 ネットサービスの類型………………………………………………… 98
図表38 ネットサービスの具体例示…………………………………………… 98

〈第7章〉
図表39 リアル化とネット化の相互補完………………………………………104
図表40 経営資源と情報資源の相互関係………………………………………106
図表41 データベースの基本構造………………………………………………106
図表42 データベース化した経営資源と情報資源の相互関係………………107
図表43 物流化と情流化の相互連携……………………………………………110
図表44 基幹業務と補助業務の相互補完………………………………………112

〈第8章〉
図表45 生産業務へのＩＴ化図式………………………………………………122
図表46 パソコンの生産モデル…………………………………………………122
図表47 流通業務へのＩＴ化図式………………………………………………125
図表48 物流業務へのＩＴ化図式………………………………………………125
図表49 農産物の流れと"アグリコンパス"のしくみ………………………126
図表50 製薬メーカーから病院まで一貫したトレーサビリティ……………127

〈補　論〉
図表51 決定可視化と情報可視化の類型………………………………………138
図表52 合理的意思決定メカニズム……………………………………………143
図表53 測定尺度の種類と意味…………………………………………………152
図表54 主要変数の測定間隔値の要件…………………………………………159
図表55 代替物件の概要…………………………………………………………162
図表56 代替物件の比較…………………………………………………………163

第1章 情報思考の展開

Morikawa World Plus 1

第1節 二つのIT

1.「IT」の本質的意味

　米国における「ITバブル」たけなわの頃，わが国では，2000年の「流行語大賞」に「IT（Information Technology）」なる言葉が選定された事実が鮮明に物語っているように，21世紀はIT時代の幕開けとなった。日常的にさまざまな新語がわがもの顔で横行し，一瞬のうちに生まれては消え去る現代社会にあって，とりわけ日々新たな語が百花繚乱の如くに飛び交う観のある情報化の分野において，十年後の今日も「IT」の勢いは留まるところを知らない。もっとも，近年はITよりも「ICT（Information Communication Technology）」なるキーワードの方が先進的なイメージを醸出しているきらいがある。

　日々目の当たりにするその様相は，さながら1960年代から1970年代にかけての「DP（Data Processing）」，1980年代から1990年代の「OA（Office Automation）」にも匹敵する勢いであり，わが国の企業と社会，実務界と学術界，都市と地方の到るところに，今も正に洪水の如く溢れ出ており，第三次情報化の大波の真っ只中にある。さらに，とりわけかつての発展途上国の多くが，いま正に情報化の大海原の中でこの世の春を謳歌している観がある。

　「IT」なるキーワードは，多くの場合においてその余りにも華々しい技術的な進化とその急速な変貌の故に，ともすればIT＝情報技術として捉えられがちであるが，正確には，「情報技術（Information Technology：IT）の革新」

図表1　ITの本質的意味

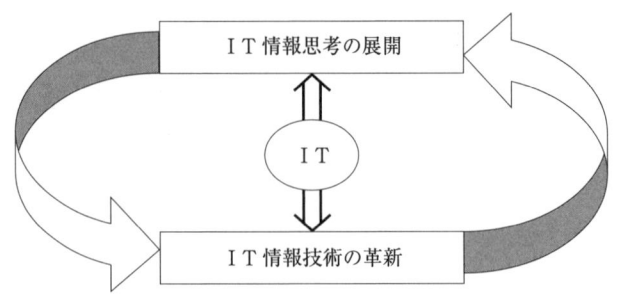

と「情報思考（Information Thinking：IT）の展開」という，相互に密接不可分な形で関連する二つの「IT」が車の両輪の如く連動することによって，初めて画期的な進化を遂げていくものである。図表1「ITの本質的意味」は，こうしたITの本質を一つの図にまとめたものである。

2．「情報化」の本質的意味

情報化という言葉を文字通り捉えると，「情報化」＝「情報」＋「化」，すなわち情報化とは「情報」と「○○化」という二つの用語の複合語に他ならない。したがって，情報化の意味は，情報の意味ときわめて密接不可分な形で関連している。そこで，情報化の最も基本的な問題は，私達は情報に対してどのように立ち向かえば良いのかということである。それは，思考と技術の両面，すなわち情報思考の展開と情報技術の革新という二つの面において立ち向かう必要がある。

換言すれば，情報化とは原理的には，ある個体がその環境との適応過程において，情報思考の展開と情報技術の革新の二つがいわば車の両輪となる形で，「情報へ向かう，あるいは向かわせる意図・方向・プロセス・活動・運動である」と言える。

しかし，情報思考の展開と情報技術の革新との間には通常，とりわけそれぞれの進展速度において容易には埋め難いほどの大きなギャップが存在し，情報化の飛躍的な進展を遅らせる要因となっている。換言すれば，情報思考の展開

はそれを支援するための情報技術の革新によって初めて可能となる。他方，情報技術の革新はそれを適用するための情報思考の展開によって初めて潜在的に有する可能性を大きく開花させることができる。

　私達は，ともすれば日常的に生起する情報技術面の華美な発展にのみ目を奪われてしまい，情報思考面の重要性を見落としがちになる。このことが，過去において少なくない組織や個人がしばしば，ただブームに乗り遅れまいとして最新の高価なコンピュータを導入してはみたが，全体としては期待はずれな結果に終始してきた主要な原因である。

　情報化は，こうした技術面における情報技術の革新と理念面における情報思考の展開によって，初めてバランスのとれた形で進展していくわけである。一方情報化は，形式面からみると私達を取り巻く情報が増加する現象であり，内容面からみると私達自身の実行行動と，その前提としての意思決定における情報への依存度が増大する現象である。

3．「情報」の本質的意味

　情報化の推進における最大の問題は，「情報」とは何かということである。全く不思議なことに，現代は正に情報の時代であり，私達の身の回りの至るところに，たとえば交通情報，住宅情報，社会情報などの，いわゆる「○○情報」という語が溢れてはいるが，この世のなかのどこにも，決して「それ自体」が情報であるという具体的なモノが存在しているわけではない。情報概念は，具体的な概念ではなく努めて抽象的な概念であり，実体概念ではなく機能概念である。換言すれば，ある状況下において何が情報に相当するのかということである。

　私達は，情報化にかかわる場合には何よりもまず，個人的立場であれ組織的立場であれ，あるいは情報収集側であれ情報提供側であれ，それぞれの置かれた特定の状況下において，何が情報であるのか，すなわちどのような「内容・事柄（コンテンツ）」が情報に相当するのかを認識・識別し，必要情報を明確にしなければならない。こうした視点が不十分であると，「情報らしきもの」は

至るところに溢れてはいるが，本当に必要な情報はほとんど見つからない状況が頻発する。実務的な面での最大の情報問題は，「必要情報の明確化」にあるが，何が情報に相当するかは，ひとえに個体と環境の状況によって大きく異なるのである。

情報とはあくまで，ある特定の個体にとって，ある特定の環境，ある特定の時間における，ある特定のコンテンツを指す。全く同一の個体にとって，全く同一のコンテンツであっても，時間の経過とともに個体や環境の状況が異なれば情報ではないことになる。組織や社会の分野においては，こうした，何が情報であるかを認識・識別することができるのは，恐らく今後とも半ば半永久的に，否ますます私達「人間」のみが最終的に決定することになる。どのように情報技術の革新がなされようとも，情報であるか否かに関する最終決定は，人間，否私達個々人の「聖域」として残ることであろう。

第2節　情報の語義

情報という用語は，英語のインフォメーション"information"に相当するが，広く一般的に使用されるようになったのは，マクドノウ（Adrian M. McDonough）も「情報の概念が意識されるようになったのはやっと第二次大戦以降であったことを我々は認識しなければならない[1]」と述べているように，日米ともに第二次大戦後である。情報という言葉は，語源的にはラテン語の「informatio（模写，表現）」や，「informare（形成する，表現する）」に遡るが，誠に不思議なことに，否ある意味では至極当然なことではあるが，今日でも本質的には同様な意味において理解されているのである。以下では，情報概念の本質に関する幾つかの典型的な見解をみてみよう。

1．情報と物質・エネルギー

第一は，物質・エネルギーとの対比における情報の見解である。今日では，サイバネティックス概念の創始者であるウィーナー（Norbert Wiener）による

図表 2　情報と物質・エネルギー

存在

情報　→　／　←　物質・エネルギー

（同一物の二面）

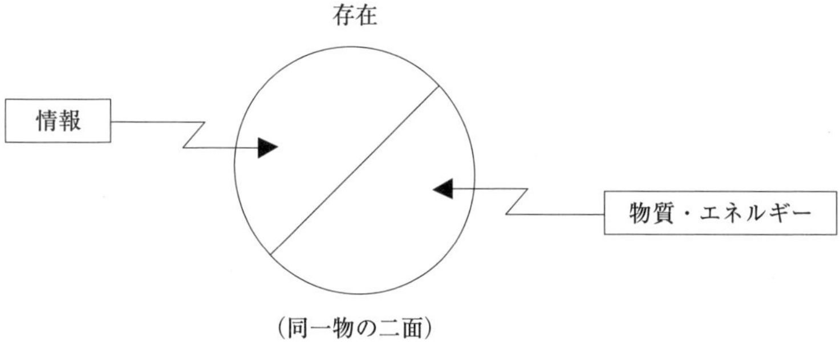

「情報は情報であって物質でもなければエネルギーでもない。これを認めないような物質主義は現在の世の中で存在を続けるわけにはいかないのである[2]」という見解は広く受け入れられ，情報は物質・エネルギーと並んで自然の二大構成要素の一つであるとみられるに至っている。

　換言すれば，「情報は情報であって情報以外の何ものでもない」という情報の根幹的な本質にかかわる見解である。こうした見解は，必ずしも情報と物質・エネルギーは別の存在ではなく，情報は物質・エネルギーの時間的・空間的・定量的・定性的パターンであり，情報と物質・エネルギーとは同一物の二面であると理解される。いわゆる「お布施の原理」によって日本的情報産業論の創始者ともいえる梅棹忠夫が行き着いた，「世界は情報にみちている。すべての存在それ自体が情報である。（中略）。情報はあまねく存在する。世界そのものが情報である[3]」という見解は，こうした見解と軸を一にする。図表 2「情報と物質・エネルギー」は，こうした情報の本質を一つの図にまとめたものである。

2．情報とデータ・知識

　第二は，データ・知識との対比における情報の見解である。こうした対比は根本的には，意思決定とのかかわりにおいて示されてきたものであり，マクドノウによれば，データ，情報，知識は次のように区分される[4]。データ＝評価

図表3　情報概念の階層

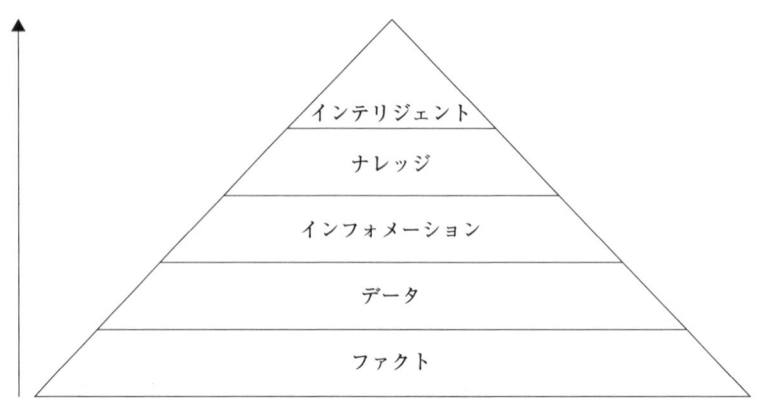

されていないメッセージ，情報＝データ＋特定の状況における評価，知識＝データ＋将来の一般的な使用の評価である。

　原理的には，情報は意思決定との関連において捉えられ，データは特にそうした点を意識されないで捉えられる概念である，という点において両者は明白に区別されうる。しかし実際には，「データは情報の原材料である。」すなわち，丁度カーナビメーカーの製品であるカーナビゲーションが自動車メーカーにとっては多数の部品の中の一つであるのと同様に，またある人にとっては情報である事柄が別の人にとってはデータであるように，情報とデータはしばしば相互交換的に使用される。一方，情報と知識の関係について，マッハルプ(Fritz Machlup)は，「知識は知っているという状態であり，情報は知らせる行為を意味するから，一般的にはすべての情報はみな知識である[5)]」とされる。図表3「情報概念の階層」は，こうした情報の本質を一つの図にまとめたものである。

3．情報とコミュニケーション

　第三は，コミュニケーションとの対比における情報の見解である。情報の受け手の情況とのかかわりにおける情報の捉え方である。英語の「communication」という語は，コミュニケーション，通信，情報伝達などと訳されるが，語源的にはラテン語の「共有された」という意味を表わす「communicatio」や「communicatus」からきており，神から人への聖霊の移動という宗教的な香りの濃い用語である。

　コミュニケーションは，本来は必ずしも情報の移動にのみ関係するわけではなく，具体的・抽象的なモノの移動・伝達に関係する過程と手段を通しての，複数の人間主体相互間における「モノの共有現象」を指している。物質・エネルギー・情報，あるいは人・物・金・知識（情報）という，いわゆる「モノ」はすべて「移動する」ことが可能である。しかし，異なる主体が同一対象物を同時に異空間において「共有する」ことができるモノは情報だけである。「情報は現在知っていることと，メッセージを受け取ったあとで到達している知識レベルとの間のギャップである[6]」とするベケット（John A. Beckett）の解釈の如く，受け取ったメッセージのすべてが情報ではなく，受信者にとって有用なモノのみが情報なのである。

第3節　情報の価値

　情報は本源的には人類の生起とともにあるが，情報化時代における最も大きな特徴は情報の増大と情報依存度の増大という現象であり，現代社会に生きる私達は，こうした新しい状況に的確に対処する必要がある。そこで，もし今日的な意味における情報が，私達が有史以来深く馴染んできた物質やエネルギーと同様な特性を有するものであれば，単に量的な対処をすれば良いことになり，それは比例的な複雑さに留まる。他方，もし両者が質的に異なる特性を有するものであれば，量的・質的な対処を図る必要があり，それは比率的・自乗的な複雑さを有することになる。

　したがって，現代の情報化に対して的確に対処するための第一歩は，情報の特性について深く考えることである。そこでいま，物質・エネルギーに対する情報の顕著な特性について，モノの価値という視点から取り上げてみよう。こ

図表4　情報の価値特性

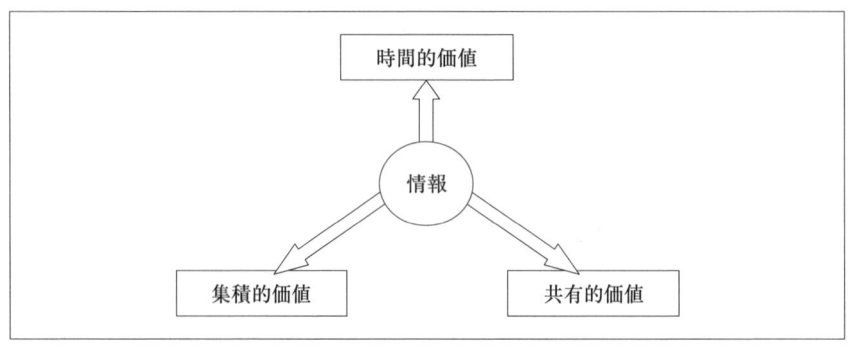

こでは，個有な特徴というよりはむしろ相対的に優位な特徴である，以下の三つの特性を指摘する。図表4「情報の価値特性」は，それらを一つの図にまとめて示したものである。

1．時間的価値

　第一は情報の時間的価値であり，情報は，入手や提供のタイミングが非常に重要になるということである。情報は，ある一定の時間までに入手・提供することができない場合には，全く無価値なものとなり，またその入手・提供後もある瞬間が過ぎると，それ自体の価値が急速に減価・消滅する場合も少なくない。換言すれば，「すでに情報となってしまったものは最早情報ではない」ということである。

　ここでは，情報の時間的価値についての例示として，インサイダー取引を取り上げてみよう。株価関連情報は，時間的価値がきわめて厳密にかつ具体的な形で現れる最も典型的な例である。こうした情報は，正に一刻一秒を争うものでたとえ1秒でも早く入手することが肝要であり，システム取引時代の現在ではなおさらのことである。「時は金なり」という格言は，情報に関して的を得た言葉であり，情報の生命線は文字通りその鮮度とタイムリーにある。

　特に近年，とりわけ21世紀を迎えてからインサイダー取引にかかわる事件が頻繁に新聞紙上を騒がせている観がある。これは，確かに経営倫理上の問題で

はあるが，より根源的には情報の時間的価値に起因する。情報化時代の到来よりも遥か以前から企業経営者が，早晩明らかになる「情報」を少しでも早く入手するために，莫大なコストと時間をかけて必死に追い求めてきた最大の理由は，さらに近年の情報ネットワーク化の推進意義は，他でもなく情報の本質的に有するこうした特徴にある。

2．集積的価値

　第二は情報の集積的価値であり，情報は集積すればするほど，物質やエネルギーが集積する場合における比例的な価値増大とは異なり，むしろ比率的な価値増大を有する傾向が強いということである。
　ここでは，情報の集積的価値についての例示として，コンビニにおける売れ筋情報・死に筋情報を取り上げてみよう。コンビニの価値はひとことで言えば，消費者にとっては「コンビニエンス（convenience）」，販売者にとっては「サーキュレート（circulate）」，すなわちいつも売れる商品だけを配置してあらゆる資源を常に循環させることができるということに尽きる。
　あるコンビニの店舗において，いつ，だれが，なにを，どのくらい購入したのかといった売上データは，その１件１件は全く無価値なものに過ぎないが，店舗数が増大すればするほど集積情報も増大し，その集積的価値を自乗的に増大することになる。好むと好まざるとにかかわらず，コンビニの店舗数・設置範囲の拡大化傾向は，情報に依存した規模の利益，範囲の利益を追求するＩＣＴ化時代における必然的な現象であると言える。
　売上データを経時的かつ広域的に大量に集積し，たとえば各店舗別の気象状況や近隣主要行事の開催状況，マスメディアやミニメディアにおける個別商品別の広告宣伝状況，個別商品別の価格政策状況や商品配置状況の販売環境情報を追加して，総合的な集計・分析・判断によって，商品別・地域別・店舗別・季節別・曜日別・時刻別・気候別・行事別・催事別等の売れ筋商品，死に筋商品といった形での，きわめて有益な新しい情報が創出されよう。

3．共有的価値

　第三は情報の共有的価値であり，情報は非常に安価なコストでそれを文字通り完全に共有することができるということである。

　ここでは，情報の共有的価値についての例示として，情報製品のコピーを取り上げてみよう。人類は，情報の共有的価値という特徴をうまく活用しながら営々と歴史の歩みを進めてきたが，情報化時代にはさらに，情報媒体が電子的媒体であることに起因する「現代型情報の共有的価値」という新しい型が追加される。この先行事例としては，新聞雑誌の記事，書籍，映画，音楽テープや音楽レコード，ビデオテープやCDテープなどのコピー問題があり，今日では，IT技術の進化によってさらに大規模な課題が発生してきている。

　新しい現代型情報共有的価値の事例としてパソコンのソフトを考えてみよう。いずれのソフトも，わずか一本に過ぎないがひとたびその開発が完了すると，そのオリジナルを基にして簡単かつきわめて容易に，正真正銘のもう一つのオリジナルを作成することができる。ここに，いわゆる「知的所有権保護」「個人情報保護」という形で発生してきた，今日的な情報問題の根源的な要因が存在する。物的製品の場合と異なり完成品が情報であり，しかも電子的な媒体である場合には，機械工作的な技術をほとんど必要とすることなく，きわめて安価にオリジナルのコピーが完成することになり，この問題の対処のいかんによって，正に人類の未来がかかっているほどの，きわめて重要な課題である。

　たとえば，21世紀になって，否特にここ数年加速を早めている多くの発展途上国における携帯電話への移行や普及といった現象は，歴史的にみれば恐らく何世紀も要していたような発展が，わずか数十年，否数年で実現してきている現状は，こうしたきわめて情報に特有な特徴に依拠していると言っても過言ではない。

第4節　情報の伝達

　21世紀のコンピュータを中核とする情報革命は，IT革命によってめざまし

い進化を遂げているが，さらに近年はＩＴ化からＩＣＴ（Information Communication Technology，情報通信技術）化へと急速な展開を果たしてきている。こうした展開によって初めてパソコンは，名実ともに情報処理機器から情報通信機器へ，インフォメーションツールからコミュニケーションツールへと華麗な変身を遂げてきたと言える。

　21世紀のＩＴ化は，ノートパソコンからモバイルパソコン，ケータイからスマートフォン（Smartphone），あるいはかつての携帯情報端末（Personal Digital Assistant：PDA）から「iPhone」の出現が嚆矢となった「高機能携帯電話（スマートフォン）」，「iPad」の登場が端緒を開いた「多機能携帯端末（タブレット端末）」に至る，正に百花繚乱ともいえる多種多様なコミュニケーションツールの出現と普及を基盤として，組織分野から個人分野，社会分野における情報化へと重心移行している。ここでは，コミュニケーション革新，すなわち情報伝達面から「情報」について考えてみよう。

　シャノン（Claude E. Shannon）は，図表5「通信系の一般的図式」の如き一般的なコミュニケーションシステムのモデル図を提示するとともに，コミュニケーションにかかわる問題として以下の三つの基本的な問題を指摘し[7]，それは段階を成していると断じた。図表6「情報伝達の基本問題」は，こうした三

図表5　通信系の一般的図式

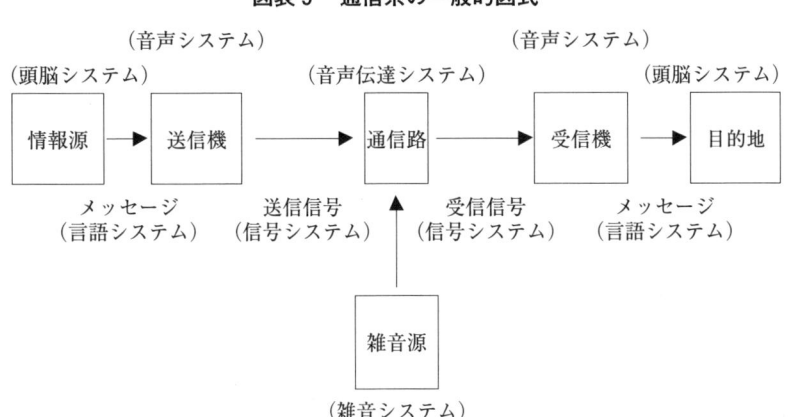

図表6　情報伝達の基本問題

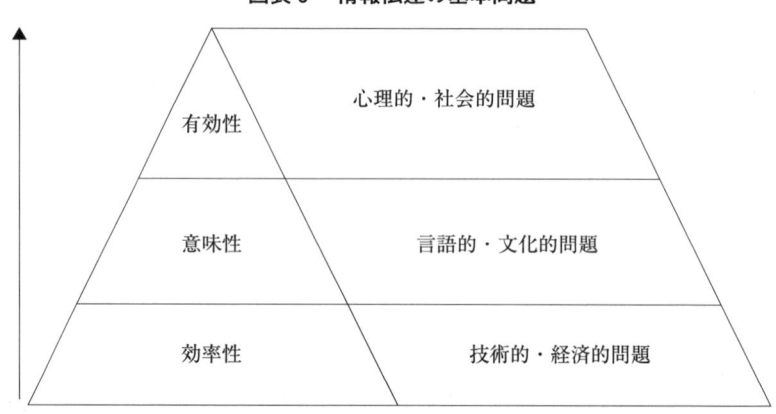

つの基本的な問題を一つの図にまとめて示したものである。

1．効率性問題

　第一は効率性の問題，すなわちコミュニケーションの技術的・経済的な問題であり，「どのようにしてコミュニケーションの記号を正確に伝送することができるか」という問題である。具体的な問題としては，コミュニケーションの迅速性，正確性，安全性，安価性，容易性などである。

　すなわち，送り手から受け手へのメッセージをどのようにすればより迅速に，より正確に，より安全に，より安価に，より容易に伝送することができるのかということである。ともかく，送り手から受け手に対してコミュニケーションにおけるメッセージの記号が確実に伝達されるとともに，受け手は送り手からのメッセージを確実に収集することが望ましいのである。

　この局面におけるインターネットとケータイを中核とするICT化の影響は，本質的にはコミュニケーションの迅速かつ正確，安全かつ安価で容易な遂行に関して，コミュニケーションのネット化という形で，「いつでも，どこでも，だれでも」迅速かつ容易に空間的・時間的な制約から解放されて，さらにネットワーク化によるリアルタイムな情報更新や，データベースとの密接な連結を

図ることによって，コミュニケーションによる情報伝達のみならず情報蓄積や情報検索についても飛躍的な改善を図ることが期待される。

2．意味性問題

　第二は意味性の問題，すなわちコミュニケーションの言語的・文化的な問題であり，「どのようにして伝送された記号が，送り手が受け手に対して伝達したい意味を正確に伝達することができるか」という問題である。具体的な問題としては，コミュニケーションの送り手から受け手へのメッセージにおける語そのもの，語の意味，文の意味，センテンスの意味，文脈の意味，ストーリーの意味，文化的相違という側面での送り手と受け手の相互間における意味の認識と解釈の一致などである。

　すなわち，どのようにすれば，送り手から受け手へのメッセージの種々なレベルにおける認識とその意味にかかわる相違を正確に把握し，その差異を埋めることができるのかということである。ともかく，送り手から受け手に対して自らがメッセージにおいて伝達したい意味が確実に伝達されるとともに，受け手は送り手からのメッセージを確実に理解することが望ましいのである。

　この局面におけるインターネットとケータイを中核とするＩＣＴ化の影響は，本質的にはコミュニケーションの送り手から受け手へのメッセージにおける語そのもの，語の意味，文の意味，センテンスの意味，文脈の意味，ストーリーの意味，文化的相違という側面での送り手と受け手の相互間における意味の認識と解釈の一致に関して，コミュニケーションのネット化という形で，「いつでも，どこでも，だれでも」迅速かつ容易に空間的・時間的な制約から解放されて，コミュニケーションにかかわる問題の状況即応的な迅速かつ的確な把握によって，コミュニケーションを状況対応的に，さらに飛躍的な改善を図ることが期待される。

3．有効性問題

　第三は有効性の問題，すなわちコミュニケーションの心理的・社会的な問題

であり,「どのようにして受け取られた意味が送り手の望む仕方で相手の行動に影響を与えることができるか」という問題である。具体的な問題としては，コミュニケーションのタイミング，受信状況，雰囲気，背景，受信者属性，交流経過，歴史的経緯などである。

すなわち，送り手から受け手へのメッセージをどのようにすれば絶好のタイミングで，良好な雰囲気の下で，受信者の属性や受信状況にマッチした内容を，その背景を十分に理解した形で，これまでの歴史的な経緯を踏まえて伝えることができるのかといったことである。ともかく，コミュニケーションのメッセージを通して，送り手は受け手に対して自らが伝達したい事柄が確実に達成されるとともに，受け手は送り手からのメッセージを可能な限り達成することが望ましいのである。

この局面におけるインターネットとケータイを中核とするＩＣＴ化の影響は，本質的にはコミュニケーションのタイミング，受信者の状況，雰囲気，背景，交流経過，歴史的経緯に関して，コミュニケーションのネット化という形で，「いつでも，どこでも，だれでも」迅速かつ容易に空間的・時間的な制約から解放されて，コミュニケーションにかかわる問題の状況即応的な迅速かつ的確な把握によって，コミュニケーションを状況対応的に，さらに飛躍的な改善を図ることが期待される。

第5節　情報の選択

現代社会における根本的な情報問題の一つは，情報の増大と情報依存度の増大にあるが，最大の問題は「情報」とは何かということである。誠に不思議なことに，現代は情報化時代であり，現代社会は情報化社会であり，私達の身の回りの至るところにいわゆる「○○情報」が溢れてはいるが，この世のなかのどこにも，決して「それ自体」が情報である具体的なモノが存在しているわけではない。すでに述べたように，情報なる概念は，具体的な概念ではなく努めて抽象的な概念であり，実体概念ではなく機能概念である。換言すれば，ある

図表7　情報の選択視点

```
            ┌─────────┐
            │ 現場指向 │
            └────┬────┘
                 ↓
              ( 情報 )
              ↗     ↖
        ┌────────┐  ┌────────┐
        │ 複眼指向 │  │ 人間指向 │
        └────────┘  └────────┘
```

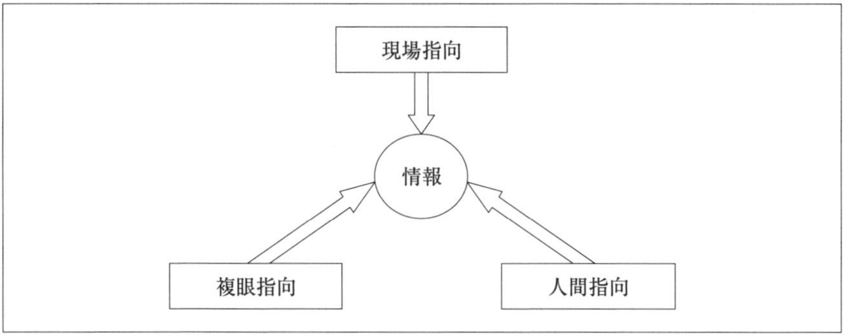

状況下において「何が情報というモノに相当するのか」ということである。

　こうして，現代の情報化社会においては情報の選択ということが最大の課題となるが，さらに情報の選択視点，すなわちどのような視点から情報を選択するかが非常に大きな問題となる。ここでは，こうした観点から情報の選択視点について，以下の如き三つの視点を取り上げたい。図表7「情報の選択視点」は，こうした捉え方を一つの図にまとめて示したものである。

1．現場指向

　第一は現場指向，すなわち現物指向，現場思考，本物指向，実地指向である。情報は，すでに示したシャノンによる図表5の構成要素に「雑音」が内包されていることからも推測されるように，伝達されていくにしたがって多かれ少なかれひずみを起こすことになる。現場指向の重要性は，たとえば「百聞は一見にしかず」「現場に聞け」「捜査の基本は現場にある」「世の中の景況は，タクシーの運転手さんに聞け」といった見解にみられる。もちろん，実際には「現場」を適確に捉える確固とした視点を持っていなければ，「たとえ見ていてもなにも見えない」情況に陥るのである。

　人間も動物も遺伝と経験によってその存在基盤を支えられているが，人間が動物から分かれる最も大きなきっかけは，自己教育や他者教育による「疑似経験」の拡大によるところが大である。疑似経験とは，他者の経験を自己の経験

に転化する，換言すれば，たとえ自ら現場に直接触れなくても現場の概要を分かるようになることである。しかし，現代社会においては擬似経験が余りにも過多になり，実際経験と擬似経験のバランスが崩れてきており，擬似経験によって実際経験を理解することが困難になってきている恐れもある。したがって，そうした人間が本来的に有する優位性を維持するためにも，再び現場に帰って，現場から再出発する必要がある。

2．複眼指向

第二は複眼指向，すなわち複線思考，複合思考，比較思考，相関思考である。情報の自然発生的情報と人為的情報という区分は有益な分類ではあるが，実際には情報が自然に発生することはない。情報は，実体を記号─意味化したものであり，誰かが何らかの意図の下に創出したものである。換言すれば，あらゆる情報は例外なく，誰かが何らかの目的・意図の下に事物・事象・事実・現象・対象・実体を記号─意味化したものである。したがって，適確な情報選択のためには，「複数のチャネルをもつ」「同一種類の二つのものに触れる」「新旧二つのものに触れる」ことが必要である。

私達は誰しも例外なく，情報の収集利用面と創出提供面という両面に位置する。したがって，そのいずれの状況においても，ある情報に関して対象軸・時間軸・空間軸において比較分析していくことが重要である。そのためには，広い知識と一つの深い知識を有する「T字型人間」，一つの深い知識を中心とした周辺知識を有する「V字型人間」，さらには広い知識と一つの深い知識，もう一つの知識を有する「π字型人間」，周辺に位置して重なり合う二つの深い知識を有する「W字型人間」をめざす必要がある。

3．人間指向

第三は人間指向，すなわち情報源指向，最新指向，先端指向，コミュニケーション指向である。情報は例外なく，誰かが何かの目的・意図の下に創出し提供するものであり，「たとえどのような高性能なコンピュータであろうとも，

コンピュータ自体が情報を創出することはない」「コンピュータが情報を創出し提供するのではなく，あくまでプログラムを承認した人間が情報を創出する」のであると言える。

　人間指向の重要性は，たとえば「すでに情報となっているものは最早情報ではない」「最新最高の情報は常に人間の中にある」「最新の情報が最高の情報である」「人間は最大の情報源である」「人間こそが最大の情報である」といった見解にみられる。人間の本質に立ち返って捉えると，心と心がふれあう人間に対しては少なくとも意識的に嘘をつくようなことはないであろう。他方，普段から友好的な関係にないような人間から有益な情報がもたらされるなどということを安易に期待すべきものでもないであろう。

　そこでいま，新幹線網の整備や高速道路網の建設ルートの決定についての政策決定メカニズムを例にとって情報について考えてみよう。建設ルートの決定は，たとえいかに情報公開を徹底して公正かつ公明正大に政策決定をするとしても，最終決定されるその瞬間までは，公正を尽くせば尽くすほど，単数か複数かは別として政策決定者としての，政治家の心の中か頭の中にあるということには疑念の余地はない。

　古今東西些細なことから重大なことまで，たとえいかなる決定もすべて人間によって行なわれてきたのであり，そして今後も間違いなく人間によって行なわれることであろう。このように捉えると，たとえいかなる情報化社会が到来しようとも，「最新最高の情報は常にすべて人間の"心（こころ）"の中に存在する」のである。「情報をみても情報は分らない」「最終的に情報を創出するのは常に人間である」と言えよう。

第2章 情報技術の発展

Morikawa World Plus 1

第1節　コンピュータの本質

1．コンピュータの出現

　ＩＴ（情報技術）の中核はコンピュータに依拠しているが，この点は恐らく今後も変わることはないであろう。コンピュータは，1642年のパスカル（Blaise Pascal）による手動計算機の開発以来自動計算機の開発を経て，1946年にペンシルバニア大学のエッカート（J. Presper Eckert）とモークリー（John William Mauchly）による電子計算機の開発へと，革命的ともいえる出現ではあったが，西洋文明における約三百年間をかけた長い歴史的な所産として誕生した。

　電子計算機の出現以降も，1951年の商用化開始とともに約60年間をかけて，汎用コンピュータ（メインフレーム）からミニコンピュータ（ミニコン），オフィスコンピュータ（オフコン），ワークステーション（workstation：ＷＳ），パーソナルコンピュータ（パソコン）へと，さらにはパソコンにおいてもデスクトップからラップトップ，ノートパソコン，ミニノートパソコン（ネットブック），モバイルパソコン，そしてスーパーコンピュータ（スパコン）やウエアラブルコンピュータ（wearable computer）へ，あるいは高機能携帯電話（スマートフォン）や多機能携帯端末（タブレット端末）へと今なお大進化の途上にある。

　かつての汎用コンピュータの特長は，同一種類の大量の反復的に発生する，定量的なデータを一括して高速に処理することにあり，一方パソコンの特長は，

異なる種類の少量の非反復的に発生する，非定量的な情報を個別に迅速に処理することにあった。両者を輸送手段や輸送状況にたとえて対比するとすれば，汎用コンピュータは新幹線輸送や高速道路バス輸送であり，他方パソコンは在来線輸送や一般道路バス輸送であると対比されてきたが，現在は高度情報ネットワーク化の進展によって，スマートフォンやタブレット端末がすでに両者の機能を統合した役割を果たしてきている面もみられる。

2．コンピュータの構成

コンピュータは，図表8「コンピュータの基本構成」や図表9「パソコンの基本構成」の概念構成図に示されるように，中央処理装置（Central Processing Unit：CPU）と周辺装置（Peripheral Unit：PU）から構成される。さらに，中央処理装置は主記憶装置と制御装置，論理演算装置などから，一方周辺装置は

図表8　コンピュータの基本構成

```
──▶ データの流れ
━━▶ 命令の流れ
----▶ 制御の流れ
⇨ 判断情報の流れ
```

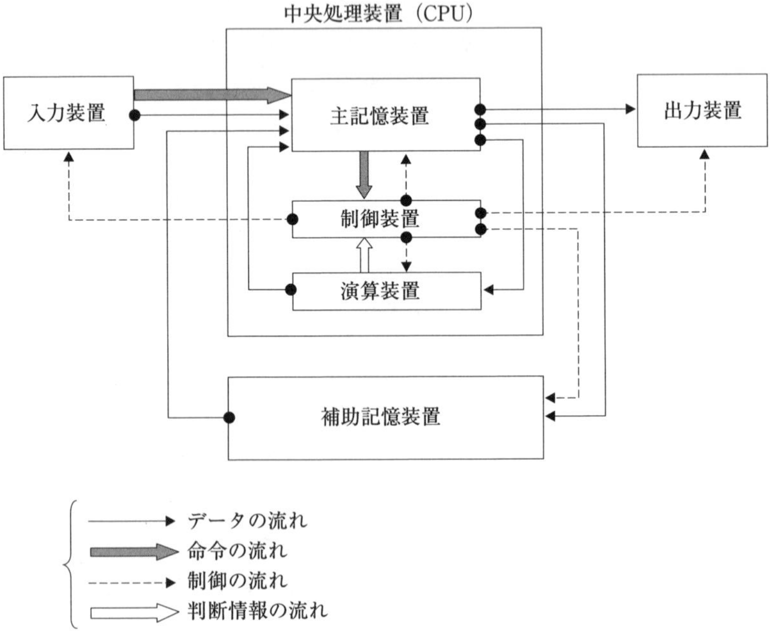

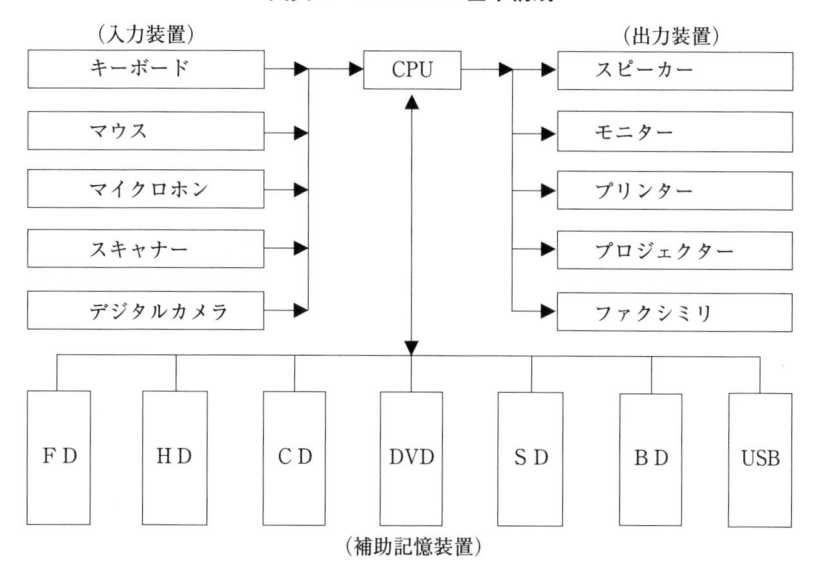

図表9　パソコンの基本構成

（入力装置）
- キーボード
- マウス
- マイクロホン
- スキャナー
- デジタルカメラ

CPU

（出力装置）
- スピーカー
- モニター
- プリンター
- プロジェクター
- ファクシミリ

（補助記憶装置）
FD　HD　CD　DVD　SD　BD　USB

入力装置と出力装置，補助記憶装置などから構成されている。

　こうしたコンピュータの基本構成は，ひとことで言えば，同一機器であっても必要性に応じて多種多様な構成をとることができる，統一性・選択性・拡張性に富んだ「システム構成」としての特性を有する典型的なシステム機器である。こうした構成上の本質的な特性は，とりわけパソコンの出現・発展にともなって具体的な形で生かされてきた。パソコンの開発・生産・販売・流通，あるいはハードウエア・ソフトウエア・アプリケーションウエア・ネットウエア・コンテンツウエア・ソリューションウエアを取り巻くビジネスに根本的な影響を及ぼしてきたが，それでもなお余りに急激な進化の故に，逆に必ずしも十分に生かされてこなかったきらいもある。

3．コンピュータの発展

　コンピュータは，たとえば小型化，軽量化，軽薄化，高速化，高信頼化，高密度化，大容量化，容操作化，低価格化，高機能化，省エネ化，省スペース化，

図表10　ＩＴの発展段階別特性比較

		ＤＰ時代	ＯＡ時代	ＩＴ時代
年　代		1960－1970年代	1980－1990年代	2000年代
キーワード		ハイブリッド化	ニューメディア化	ネオダマ化
		ＩＣ化	データベース化	インターネット化
		ファミリーシリーズ化	ＰＯＳ化	ブロードバンド化
		オンライン化	パラレル化	ユビキタス化
指向		ＤＰ化	ＯＡ化	ＩＴ化
		コンピュータ化	ネットワーク化	ユビキタス化
		ハードウェア	ソフトウェア	ネットウエア，コンテンツウェア
情報処理		直列処理	並列処理	超並列処理
		ファイル	データベース	データウェアハウス　データセンター
		ＭＩＳ	ＤＳＳ，ＳＩＳ	ＳＣＭ，ＥＣ
		少品種大量生産	多品種少量生産	個品種注文生産
ハードウェア		ＤＰ機器	ＯＡ機器	ＩＴ機器
		コンピュータ	パソコン	モバイルパソコン
		固定型	移動型	携帯型
		情報変換機	情報蓄積機	情報伝達機
		ＩＣ，ＬＳＩ	ＶＬＳＩ	ＵＬＳＩ
ソフトウェア		基本ソフト	オフィスソフト，ブラウザーソフト	検索ソフト，連動広告ソフト
		おまけソフト	おまけソフト／おまけハード	おまけハード
		自己開発，外部委託	アプリケーションソフト	ＡＳＰ，ＳａａＳ，クラウド化
メディア		データ	情報	知識
		ＦＤ，ＨＤ	ＣＤ，ＭＤ，ＤＶＤ	ＵＳＢ，ＢＤ，ＳＤカード
		数字，記号，文字	文章，音声，写真	動画，映像
コミュニケーション		コンピュータネットワーク	情報ネットワーク	情報通信ネットワーク
		データ通信	パソコン通信	インターネット通信
		ＩＳＤＮ	ＡＤＳＬ，ＣＡＴＶ	ＦＴＴＨ，無線ＬＡＮ
主要企業		ＩＢＭ社	マイクロソフト社	ヤフー社，グーグル社
		ＤＥＣ社	インテル社	デル社，ＨＰ社，シスコシステムズ社，ルーセント社，アマゾン社
		サンマイクロシステムズ社	コンパック社，ＡＯＬ社	オラクル社，ＩＢＭ社，セールスフォース社，フェイスブック社

高コストパフォーマンス化といった発展を遂げてきた。以下では，こうしたコンピュータ自体の進化とコンピュータを取り巻く変容をＤＰ時代（1960～1970年代），ＯＡ時代（1980～1990年代），ＩＴ時代（2000年以降）の三つに区分して，それぞれの時代における四つの顕著な特徴を示すことにしたい。図表10「ＩＴの発展段階別特性比較」は，こうした三つのＩＴの発展段階別における特徴を一つの表にまとめたものである。

コンピュータは，このように文字通り大進化を遂げてきたが，さらにシンクライアントコンピュータ（thin client computer）化やクラウドコンピューティング（cloud computing）化，さらにはバイオコンピュータ（bio computer）やニューロコンピュータ（neuro computer）の進展のいかんによっては，なお革命的ともいえる進化を遂げていく可能性も大きい。

第2節　ＤＰ時代の特徴

1．ハイブリッド化

コンピュータは，文字通り「計算」という単一機能を遂行する単能機の「計算機」として登場したが，計算機能の他に入力・出力・分類・記憶・検索といった各種情報処理機能を遂行する「複合多能情報処理機」，すなわち「ハイブリッド機」としての発展を歩み始めることになった。複合多能化，すなわちハイブリッド（hybrid）化とは，コンピュータの機能面からみた変容であり，コンピュータの構成機器面からみると周辺装置の多様化である。コンピュータは，元来の中央処理装置と周辺装置の一体化状態から，両者の完全な分離にともなって周辺装置が多様化し，それに相応する形でコンピュータの適用領域が技術分野から事務分野へと広範化してきたのである。

2．ＩＣ化

ＩＣ（Integrated Circuit，集積回路）は，1948年ベル電話研究所のショックレー（William Bradford Shockley）らによるトランジスタの発明から十年後の，

1958年にテキサスインスツルメンツ（Texas Instrument：ＴＩ）社によって発明された半導体であり，トランジスタの集積個数が千個位までのものを指している。コンピュータの演算素子としては真空管からトランジスタに移行し，さらにＩＣが使用されるようになってきた。

　ＩＣは，トランジスタやダイオード，抵抗，コンデンサなどの個別部品を半導体チップ上に配置した電子回路であり，通常数ミリ四方の小さな基板上または基板内に多数の回路素子を高密度に集積した超小型の電子回路である。ＩＣ技術レベルの指標として１個のチップに含まれる回路素子数のことを集積度と呼び，1990年代まではその集積度を競っていたが，今日では超安価なコストで超集積性が実現してきたために，本来の単なる集積度の意味から距離をおいてきている。

　1990年代までは，その素子の密度に応じて概ね，回路素子が１チップで1,000個から10万個までは LSI（Large Scale Integrated Circuit：大規模集積回路），素子数が10万個から100万個までは VLSI（Very-Large Scale Integration：超LSI），素子数が100万個から1,000万個までは ULSI（Ultra-Large Scale Integration：極超LSI）と呼称されてきた。

3．ファミリーシリーズ化

　ファミリーシリーズ（family series）とは，同一メーカーであればソフト資産とデータ資産の継承が可能となったコンピュータである。従来は，他社はもちろんのこと同一メーカーのコンピュータであっても，機種変更するとソフトウエアをそのままの形では使用することができなかった。ファミリーシリーズ化は，1965年のIBM360シリーズに始まり，ユーザーに多大な恩恵をもたらしたが，今日的にいえば「同一メーカー異機種互換」，すなわち同一メーカーのコンピュータであれば機種が異なっても，そのソフト資産とデータ資産をそのまま継承することが可能であり，今日の「オープン化」はこの延長線上にある。

　いま，自動車の場合でたとえてみると，同一メーカーの新しい燃費効率や性能の良い画期的な自動車が発売されても，ユーザーは，もし車を乗り換える都

度, 新たに「自動車免許」を取得しなければならないとすれば, 機械的・物理的に使用不能といった状態にでも陥らない限り, あえて新車に乗り換えるような「冒険」に挑戦する人間はいなくなり, 新車の開発・販売は非常に困難をともなうことであろう。

4. オンライン化

オンラインとは, 汎用の通信回線を通してコンピュータの本体と端末機, あるいはコンピュータ同士を結合して使用する方式である。企業におけるオンライン化比率は, 1970年代初頭からＤＰ化の推進にかかわる政府統計上の先進性を示す重要な指標の一つとして多用されてきた。

コンピュータの利用方式は, 汎用通信回線利用の有無と結合範囲が組織内部か否かという観点から, 通信回線を介在しないで直接コンピュータと端末機を結合して利用するオフライン (offline) 方式, 組織内の通信回線を通して利用するインライン (inline) 方式, 汎用の通信回線を通して利用するオンライン (online) 方式の三つに区分される。なお, 類似した区分法は, インターネット時代の今日でも, その対象内容は異なるが, インターネット, イントラネット, エクストラネットといった区分法にみられる。

第3節　ＯＡ時代の特徴

1. ニューメディア化

ニューメディア (new media) は, わが国においては1980年代初頭に組織や社会における多くの人々を新しい大きな夢, バラ色のパラダイムへと誘うキーワードとして華々しく登場した。しかし, 情報処理のさまざまな局面における新しい多様な情報メディアの導入によって企業や社会の脱工業化を強力に進めていくという, 政府や産業におけるニューメディア化推進の意図や, その異常ともいえるフィーバーぶりも, 情報技術の革新が, そうした期待に実際に応えられる実働可能性のレベルにまで到達することができなくて, 1980年代後半に

は急速に消失することになった。

　皮肉にも，ニューメディアが組織から社会，個人のレベルにまで広範囲に普及し始めるのは，ニューメディアという言葉が廃れ，それに代わってマルチメディアという用語が出現した1990年代初頭から少し後に，黒船のように襲来したインターネットによって初めて具現化されるに至った。インターネットは，ニューメディアが本来有していながら，技術的・社会的・文化的な制約のために展開することができなかった要因を一気に解放して，本格的なニューメディア時代を実現させる動因となった。

2．データベース化

　データベース（database）とは，データの基地，すなわち一箇所に集積された大量のデータという意味である。元来，データはそれぞれ，その保存場所が人間の頭脳の中であるか，紙ファイルの中であるかは別として，そのデータの発生場所において個々別々に保存されており，その集約的な保存には，それ相応の労力を必要としていた。

　データベース化とは，コンピュータの遂行機能がデータの変換機能から蓄積機能にまで拡大することを意味しており，情報技術の飛躍的な革新にともなって，その集積度合と検索速度が革命的ともいえる規模において拡大してきたのである。データベースという概念は，ファイルの集合，すなわち大規模ファイルということになるが，単なるファイルの集合ではなく，コンピュータ使用形式で作成された大規模ファイルである。

　1990年代になるとデータウエアハウス（data warehouse）概念が出現したが，これは，直訳すると「データの倉庫」，すなわちデータベースが集合した大規模データベースであり，旧来は部門ごとに蓄積していた各種データを「生データ」のままで超並列コンピュータに蓄積し，それを基にして個体分析・相関分析・時系列分析・高速分析・仮説検証型分析といった「超高次分析」，すなわち「ハイパー分析」を行うシステムである。

　さらに，インターネット化にともなって2010年には「データセンター元年」

図表11 データ概念の階層

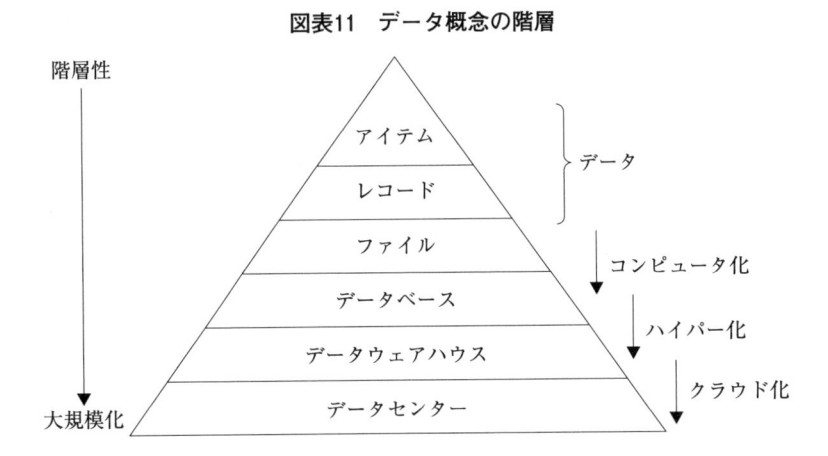

階層性
↓
大規模化

- アイテム
- レコード   }データ
- ファイル   ← コンピュータ化
- データベース ← ハイパー化
- データウェアハウス
- データセンター ← クラウド化

とも呼ばれるような状況を呈している。今日のビジネスとしての「データセンター」化は，シンクライアントコンピュータ化とクラウドコンピューティング化の進展とともに急展開されてきているが，決して一朝一夕に始まったわけではなく，21世紀を迎える頃から導入が始まり，同一組織内において捉えるならば現在すでに広範囲に普及してきているASP（Application Service Provider，アプリケーションサービスプロバイダ）やSaaS（Software as a Service，サース）の延長線上に位置するものとして捉えられる。図表11「データ概念の階層」は，こうしたデータ概念の階層を一つの図にまとめて示したものである。

3．POS化

POS（Point Of Sales，販売時点情報管理）は，たとえば商品の売上時点に売上を記録する，すなわちデータの発生時点と発生空間において即座にデータ化する。当初は，バーコード自動読取装置によってあらかじめ商品に印刷ないしは張り付けているバーコードを読み取らせて，商品の販売管理を実行する分野から始まり，次第に入出庫管理や在庫管理，顧客管理などへと対象領域の拡大を図ってきた。

コンピュータは出現以来，紙パンチテープや紙パンチカード以外には有効な

入力が不可能であったが，POS の登場によって，新たな効率的かつ有効な入力手段を獲得し，計算や集計・分類を主体とするコンピュータがデータ入力機器となった。そのための考案として，バーコード化が図られ，近年のＩＣタグ，二次元コード，ＱＲ（Quick Response）コード，携帯電話のＮＳコード化，さらには無線タグ化への道筋を確かなものにした。

POS の導入によって，すべての導入企業が少なくともデータの入力作業面においては革命的な進化を遂げたが，蓄積データの有効活用面においては，導入企業によって大きく異なる。スーパーやコンビニを傘下にもつ大手小売企業は，POS システムから入手される情報に基づいて，在庫管理や物流管理から顧客情報管理へと展開を図っている。

4．パラレル化

コンピュータは元来，順を追ってデータを次々に処理していく「逐次処理」方式であり，これはノイマン（Von Neumann）の考案に因んでノイマン型コンピュータとか直列コンピュータと呼ばれていた。しかし，1台のコンピュータの性能・能力を限りなく向上させていく方式にも自ずと限界がみられるようになった。

そこで，1台の CPU ではなく複数の CPU によって，データの一連の処理を分割して，並行的な遂行によって処理速度の向上を図る「並列処理（parallel processing）」方式が考案された。こうした処理方式によるコンピュータのパラレル化は，非ノイマン型コンピュータとか並列コンピュータと呼ばれる。1990年は「並列コンピュータ元年」とも呼ばれ，次第にその接続台数を増加してきており，CPU を千台以上並列に接続して処理を実行するものは超並列コンピュータ（super parallel computer）と呼称される。

ここで，比喩的な例示として，金融機関における窓口業務処理を例にとって，逐次処理方式と並列処理方式の相違を対比してみよう。逐次処理方式は，一人の業務処理能力に長けた人間の能力をさらに極限まで磨きに磨いて俊敏に対処する方式である。一方並列処理方式は，一人ひとりの人間の業務処理能力はそ

れほど優れてはいないが，複数の人間によって分担して協働作業的な形で対処する方式である。

第4節　IT時代の特徴

1．ネオダマ化

「ネオダマ」という言葉は，特に1990年代以降における情報技術の革新に関連したネットワーク化，オープン化，ダウンサイジング化，マルチメディア化といった四つの片仮名キーワードの頭文字を合わせて作られた完全な和製造語であるが，IT時代の基盤を形成する情報技術の本質を端的に明示している。

ネットワーク（network）は「スタンドアローン（stand alone）」に対比する言葉である。ネットワーク化は，当初のコンピュータと入出力機能のみを有する「端末機」が通信回線を通じて利用される方式から，コンピュータ同士が通信回線を通じて「コンピュータネットワーク化」として直接連結され，さらに1980年代にはネットワークの内容に注目が注がれるようになって「情報ネットワーク化」，さらに「情報通信ネットワーク化」の段階に至った。

オープンとは，文字通りいえばどのような種類や機種のコンピュータとも相互に結合可能であることを意味している。オープン化とは「異機種互換化」，すなわち異なるコンピュータメーカーのハードウエアやソフトウエアを組み合わせて構築することができる方式であり，ユーザーは，特定メーカーのハードウエアやソフトウエアに限定されることなく，各自の目的に適合するコストパフォーマンスの良い製品を選定することが可能となる。

ダウンサイジング（downsizing）は，原義的にはサイズ（規模）の削減という意味であり，典型的には汎用コンピュータによる遂行業務をパソコンで遂行するという，文字通りコンピュータをより小型のものに置き換えることである。ダウンサイジングの本質は，「同一のコストならばより高機能に」，あるいは「同一の仕事ならばより安価に」という，コストパフォーマンス（cost performance，価格性能比）の向上にある。

マルチメディア（multi media）は，原語的には「多重な媒体」という意味であり，たとえばパソコン上で文字情報や音声情報，画像情報，映像情報を組み合わせて統合的に処理することである。元来パソコンは文字でデジタル性，電話は音声で双方向性，テレビは映像でネットワーク性を有している機器であるが，マルチメディアは，1台の情報機器の中にこうした三つの機器を融合させることを意味する。

2．インターネット化

インターネット（internet）は，多数のコンピュータネットワークを接続したネットワーク同士をさらに接続したもの，すなわち「ネットワークのネットワーク」という意味である。現在インターネットという言葉で意味されるのは，TCP/IP（Transmission Control Protocol/Internet Protocol）と呼ばれる通信プロトコル（通信規約）に基づいて全世界に張り巡らされたネットワークのことである。

インターネットの起源は，1969年にアメリカ国防総省の研究開発促進部門であるアルパ（Advanced Research Projects Agency：ARPA）がパケット交換の実現に向けて，アルパネット（ARPANET）と呼ばれる，防衛関係の研究に携わる諸機関を結合して安全かつ非常時に強い通信ネットワークを構築するプロジェクトを開始したことにある。

イントラネット（intranet）は，TCP/IP 通信制御プロトコルとデータを参照するブラウザーや電子メールなどのインターネットの基幹技術を利用した LAN（Local Area Network，企業内情報通信網）である。一方，エクストラネット（extranet）は，インターネットの技術を使用して組織内部におけるイントラネットを，たとえば親会社と子会社，関連会社などの組織相互間で接続して，組織外部からの利用を可能にしたものである。

わが国では，1980年代初頭以降ＯＡ化の進展と時を一にして，パソコン通信が発展を遂げて社会的な一定の広がりを有したが，1990年代後半以降インターネット化の急速な進展とともに，パソコン通信会社の大半がインターネット接

続会社に衣替えをするという形ではあったが，21世紀初頭には静かに消え去る運命を辿った。

3．ブロードバンド化

ブロードバンド（broadband）とは，本来の意味は広帯域，すなわちデータ伝送に使用する周波数帯域の幅が広いことを意味するが，現在では「高速大容量ネットワーク」の代名詞として使用されている。ブロードバンドは，音声や画像，動画などのような大容量データを広帯域のネットワーク環境で高速に転送することができるネットワークである。

これによって，インターネット環境においてもＩＰ電話サービスや動画の配信，さらには放送サービスが可能になっている。ブロードバンド回線は，高速かつ大容量の回線を指しており，ADSL（Asymmetric Digital Subscriber Line，非対称デジタル加入者線）やCATV（ケーブルインターネット），FTTH（Fiber To The Home，光ファイバー），固定無線アクセス（Fixed Wireless Access：FWA）などの回線を指している。

いま，自動車道路を例示としてナローバンドとブロードバンドの対比を比喩的に捉えてみよう。一般道路（市道や県道，国道）はナローバンド（narrow band，狭帯域）に相当し，旧来の電話回線やISDN（Integrated Service Digital Network，統合サービスデジタル網），携帯電話などはこの例である。一方，高速道路（高速道路や有料道路）はブロードバンドに相当し，FTTHや無線LANはこの典型的な例である。道路や旧来通信回線の場合には上下車線が異なる形はきわめて例外的にしか見られないが，インターネット通信回線の場合には珍しいことではない。通常ADSLやCATVは非対称線，一般電話回線やFTTHは対称線として使用されている。

4．ユビキタス化

ユビキタス（ubiquitous）の語源は，ラテン語の宗教用語で「神は遍在する（あまねく存在する）」という意味に由来している。ユビキタス化とは，こうし

た「あらゆるところに存在する」という意味から，あらゆる機器にマイクロプロセッサー（Micro Processing Unit：MPU），いわゆる「マイコン」が組み込まれ，相互にデータを交換し合い，情報の利用ができるネットワーク環境を指している。「あまねく存在する」とは，従来のようにパソコンや携帯電話だけが情報ネットワークを構成するのではなく，ラジオやテレビ，ゲーム機，冷蔵庫，クーラーなどの家電製品から，車やカーナビ，床暖房やお風呂までのあらゆる機器が情報ネットワークに結合される状態を指している。

　ユビキタス社会（ubiquitous society）は，超高速・大容量化された情報ネットワークがあらゆるところにはり巡らされ，パソコンはもとより多種多様なデジタル家電が接続される情報環境の整備によって創出される新しい社会を指している。ユビキタス化を実現するためには，少なくともブロードバンド，常時接続，モバイル（移動体通信），バリアフリーインターフェース，インターネットのアドレス拡張用のIPv 6（Internet Protocol version 6）の五大整備要件が不可欠であるが，技術的にはすでに実現されている。

　ともあれ，ユビキタス社会の実現は，コンピュータの三つの発展段階的な区分とのかかわりからみれば，次のように対比することができる。ＤＰ時代は，多数のユーザーが１台のメインフレームを使用し，その適用領域はほとんど組織分野に限定されており，使用用途は情報変換過程への適用であった。ＯＡ時代は，一人のユーザーが１台のパソコンを使用し，その適用領域は個人分野にまで拡大することになり，使用用途は情報蓄積過程への適用拡大であった。ＩＴ時代は，一人のユーザーが超コンピュータ化した多数のマイコンを使用し，その適用領域は社会分野にまで拡大することになり，使用用途は情報伝達過程への適用拡大である。

　さらに，21世紀におけるＩＣＴ化は，ネットワークコンピューティングの領域では，Web2.0からシンクライアントコンピューティング（thin client computing），グリッドコンピューティング（grid computing），クラウドコンピューティング（cloud computing），ユーティリティコンピューティング（utility computing），ユビキタスコンピューティング（ubiquitous computing）へとめざまし

い発展を遂げつつある。

　他方，ネットワークサービスの領域では，20世紀末のASP（Application Service Provider）からサース（SaaS：Software as a Service），パース（PaaS：Platform as a Service），ダース（DaaS：Database as a Service），ハース（HaaS：Hardware as a Service），イアース（IaaS：Infrastructure as a Service）へとめまぐるしい発展を遂げつつある。

第3章 ITによる情報変革

Morikawa World Plus 1

第1節　情報化政策の本質

　情報化は，人類の生起とともに進展し，終わりなき進化過程であり，歴史的な不可逆的過程である。採猟社会から農業社会，工業社会，情報社会への移行は必要かつ必然である。情報化社会とは何か，情報化社会にどのように対処すれば良いのかという命題は，ここ半世紀間に渡って，私達先進諸国における最も基本的な命題の一つである。

　情報化の進展において，情報技術の革新と情報思考の展開は，車の両輪の如く相互に密接な関連を有する。従来は情報技術の余りにも華々しい革新に目を奪われてしまい，ともすれば個人・組織・社会における情報思考の展開が疎かになってきた観は否めなかった。しかし，高次な有効性と能率を保持しつつ真の情報化社会の到達のためには，何よりも両者の均衡ある発展が必要不可欠な要件である。

　情報化社会は，ともすればパソコンやケータイなどの各種IT機器の華々しい出現やインターネットの革命的ともいえる進化に眼を奪われがちであるが，今日的な「IT」という観点からみると，情報技術の革新と情報思考の展開が車の両輪となって展開していく。これまでの情報化の具体的な政策目標は，大きく以下の三つの段階を経てきている。図表12「情報化政策の段階」は，こうした段階を図で示したものである。

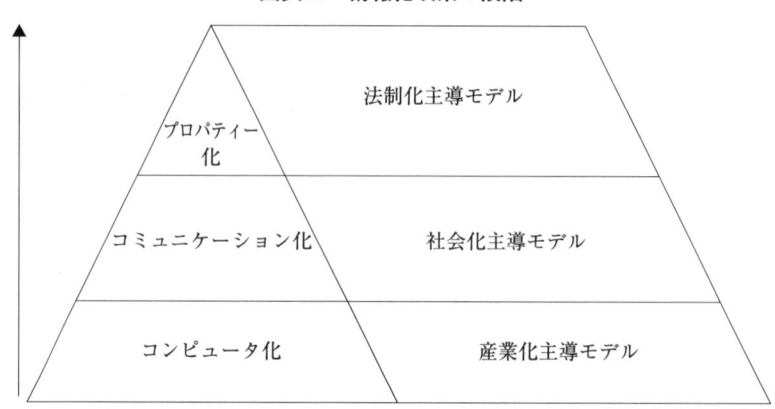

図表12　情報化政策の段階

```
          ┌─────────────────────────────┐
          │ プロパティー │  法制化主導モデル   │
          │    化       │                  │
          ├─────────────┼──────────────────┤
          │コミュニケーション化│ 社会化主導モデル  │
          ├─────────────┼──────────────────┤
          │ コンピュータ化  │ 産業化主導モデル  │
          └─────────────────────────────┘
```

1．コンピュータ化

　第一段階はコンピュータ化の推進であり，社会の至る所においてコンピュータが活用されればされるほど情報化が進展しているという視点である。これは，通商産業省（現在の経済産業省）が主導してきた情報化政策であり，1960年代から1980年代にかけて一定程度まで実現してきた捉え方で，いわば「産業化主導モデル」による情報化である。

　政策の基軸としては，コンピュータの開発・生産・販売・導入・普及を推進するための，法律の制定や改廃による補助金支給や税金軽減，法的な規制の緩和や強化によるコンピュータの利用・活用の促進という形での支援策である。こうした支援策は，あらゆる部門・分野・領域に及んでいるが，たとえばわが国の大学では，コンピュータ化初期から今日に至るまで，「3年毎に新規リプレースを図るという条件によってコンピュータ導入費用のおよそ半分を補助する」といった文部省（現文部科学省）の情報化施策によって，どこの大学でもいつも最新のコンピュータが設置されてきた。

2．コミュニケーション化

　第二段階はコミュニケーション化の促進であり，社会の至る所においてコ

ミュニケーションが活発になされればなされるほど情報化が進展しているという視点である。これは，郵政省（現総務省）が主導してきた情報化政策であり，1980年代から1990年代にかけて飛躍的に実現してきた捉え方で，いわば「社会化主導モデル」による情報化である。

　政策の基軸としては，コミュニケーションの媒体・速度・様式・態様・アクセスを革新するための，法律の制定や改廃による補助金支給や税金軽減，法的な規制の緩和や強化によるコミュニケーションの開発・発現・実施・交換・促進という形での支援策である。こうした支援策は，あらゆる部門・分野・領域に及んでいるが，たとえばわが国における通信は，初期の電話や電信，FAX通信やパソコン通信から今日のケータイやCATV通信，衛星通信やインターネット通信に至るまで，コミュニケーションツールの変容と革新は，文字通り日進月歩，否秒進分歩の感がある。

3．プロパティー化

　第三段階はプロパティー化（情報価値化）の促進である。社会の至る所において情報の価値が高まれば高まるほど情報化が進展しているという視点である。これは，法務省（現法務省）が主導してきた情報化政策であり，21世紀になって急速にその対処を迫られてきている捉え方で，いわば「法制化主導モデル」による情報化である。

　政策の基軸としては，情報の時間的価値，累積的価値，共有的価値，資産的価値，財産的価値を高めるための，法律の制定や改廃による補助金支給や税金軽減，法的な規制の緩和や強化による知的所有権・知的財産権・知財権・情報財産権・情財権の保護という形での支援策である。こうした支援策は，あらゆる部門・分野・領域に及んでいるが，たとえばわが国における知識保護は，初期の特許権や著作権，実用新案権や意匠権，商標権や肖像権から，今日のトレードシークレットやサービスマーク，個人情報保護や情報公開，知的財産権や情報財産権に至るまで，情報価値の増大を図るものである。

第2節　情報ビジネスの変遷

　情報を取り巻くビジネスは，特にここ半世紀間いわゆる「情報化」の波に乗って，否情報化を先導する形で，しかも産業界全体の牽引役を担って，常に脚光を浴びかつ急速な興隆を遂げてきた。しかし，その主役は常に移行してきており，関連業界や主導企業も大きく変容し，幾多の変遷を遂げてきているが，以下では大きく六つの段階に区分して概観する。もっとも，こうした段階は，ただ一直線に次の段階に進むというような単純なものではなく，むしろ螺旋状にかつ並行的に高次な段階に進行する。図表13「情報ビジネスの類型」は，こうした段階を一つの図にまとめたものである。

1．ハードウエアビジネス

　第一段階はハードウエアビジネスであり，汎用コンピュータからミニコン，オフコン，ワークステーション（WS），パソコン，さらにはスパコンやウエアラブルコンピュータに至るまでのハードウエアの開発・生産・販売を中心とするビジネスである。

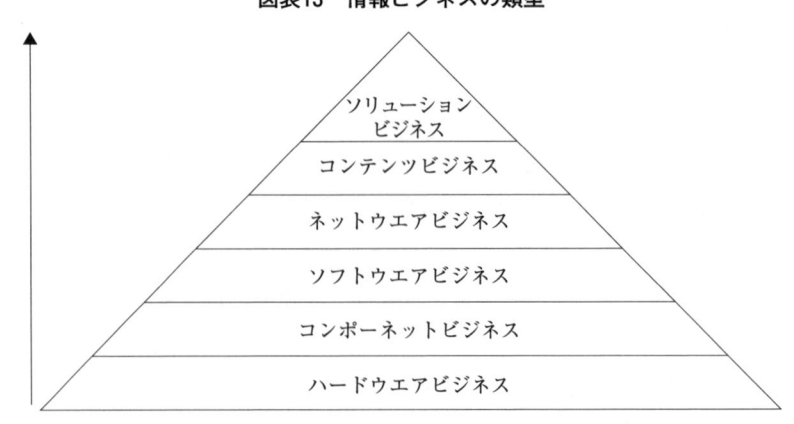

図表13　情報ビジネスの類型

（ピラミッド図：下から順に）
- ハードウエアビジネス
- コンポーネットビジネス
- ソフトウエアビジネス
- ネットウエアビジネス
- コンテンツビジネス
- ソリューションビジネス

汎用コンピュータビジネスは，大型機から中型機，小型機にウエイトが移行してきたが，1950年代から1980年代に至る30年間以上に渡って，その主役は常に巨人 IBM 社であり続けた。1970年代初頭のオフコンには特別のスターは出現しなかったが，ミニコンには DEC（Degital Equipment）社，WS にはサンマイクロシステムズ（Sun Microsystems）社，スパコンにはクレイ（Crey）社といったいずれも新興の専業企業が，コンピュータ業界のガリバー企業 IBM 社の前に大きく立ちはだかった時期もあった。

パソコンビジネスは，デスクトップからラップトップ，ノートパソコン，ミニノートパソコン（ネットブック），モバイルパソコンに移行してきたが，最近はパソコンとテレビはともかくとしても，特に高機能携帯電話（スマートフォン）や多機能携帯端末（タブレット端末）の急速な進化によってその棲み分けが曖昧になってきており，予断を許さない状況下にある。

パソコンは，1970年代半ばにアップルコンピュータ（Apple Computer）社が登場して以来，その主役は当初のアップルコンピュータ社からコンパック（Compac）社，デル（Dell）社，さらにはコンパック社を吸収合併したヒューレッドパッカード（Hewlett-Packard：ＨＰ）社へと，ガリバーが登場する間もなく機種類型ごとに群雄割拠する体制でめまぐるしく入れ替わることになり，現在も世界的規模で熾烈な競争が繰り広げられているが，とりわけ注目されるのは，ボーダレス化によって従来の如く同一業界内部における競争ではなくなりつつあるということである。

汎用コンピュータからオフコンまではＤＰ機器であったが，パソコン以降はＯＡ機器，さらには情報家電機器の範疇に入ることになり，販売対象や販売方法，販売ルートも大きく異なってきた。近年，パソコンの本来的に有する「システム構成性」をフルに活用する形で，パソコン販売の新しいビジネスモデルとして，ＨＰ社やデル社に代表される「ＰＣダイレクト」というインターネットや電話による，無店舗形態の販売方式が注目を浴びて大成功を収めている。

2．コンポーネントビジネス

　第二段階はコンポーネントビジネスであり，コンピュータがパソコンへの進化によってその「システム構成性」を鮮明にしてくるにともなって，最終完成品からみると従来は「黒子」的な役割に徹してきた，「コンポーネントビジネス」に価値の源泉が大きく移行する事態を迎えたのである。

　コンポーネントビジネスは，コンピュータのシステム構成性と経済的合理性の追求という必然性から，汎用コンピュータ時代よりもパソコン時代になって開花期を迎え，たとえばメモリー，ハードディスク，プリンター，ディスプレイの専業メーカーの興隆のように，専門特化した領域において独自な競争力を有していれば，少ない投入資本や限定的な技術力でも，十分にビジネスとして成功するチャンスが訪れたのである。

　今日のコンピュータは「産業の米」とも呼ばれる半導体の集積体であるが，1980年代末まではわが国半導体メーカー（日本のコンピュータメーカーのすべてが大手半導体メーカーでもあった）が世界を完全に制覇する状況にあった。しかし，その寡占状態は本格的なパソコン時代の到来とともに大きく崩れて，今日では，1980年代の「日の丸半導体」による文字通り「世界に敵なし」といった状況からは想像できないほどの壊滅的な様相を呈している。

　少なくともここ十年，半導体世界にあってひとり勝ちの地位を確固としているインテル（Intel）社ではあるが，もともとは1980年代半ばに日本メーカーに完敗して企業倒産の危機に見舞われ，そこでDRAM事業から全面撤退してパソコン用基本論理LSIに特化するという大方針転換を図ったことにより，パソコンソフトの雄となったマイクロソフト（Microsoft）社のＯＳウインドウズ（Windows）とともに，「ウインテル（WINTEL：Windows + INTEL）」を形成し，今日の興隆を確実なものとするきっかけを掴んだのである。

　今日のコンポーネントビジネスにおけるもう一方の雄は，シスコシステムズ（Cisco Systems）社やアルカテルルーセント（Alcatel-Lucent）社である。1990年代後半以降におけるインターネット化の急速な展開にともなう「ルーター（router）」の需要急増によって，いつの間にかその企業純利益面からみるとウ

インテルをも凌ぐ勢いの成長力を誇るようになってきている。さらに近年，韓国のサムスン（Samsung）グループ企業は，20世紀末の「IMF危機」を果敢に乗り切ってビジネスの大躍進を果たしている。

3．ソフトウエアビジネス

第三段階はソフトウエアビジネスであり，基本ソフト（Operating System：OS）から汎用ソフト，特殊ソフト，ブラウザーソフト，検索エンジンソフト，検索連動広告管理ソフトに至るまでのソフトウエアの開発・販売を中心とするビジネスである。「コンピュータ，ソフトがなければただの箱」などと揶揄された状況は，パソコン時代になり，ハードとソフトの研究開発と生産過程，さらにそのビジネスの完全な分離にともなっていっそう鮮明になってきた。

ソフトウエアビジネスは，ちょうど汎用コンピュータからミニコンやオフコンへの移行時期に始まり，ハードに対するソフトの開発コスト比率が急上昇してくる状況に対応する形で，1970年のIBM社による「ハードとソフトの完全分離」政策において基盤が形成されたが，完全に独立した一つのビジネスとして確立したのは，1970年代末以降におけるパソコンの時代，パソコンソフトの時代になってからである。

パソコン時代になると，マイクロソフト社に代表されるソフトウエア専業メーカーが興隆してくることになるが，基本ソフトに関するビジネスは，1970年代初頭におけるアップル社のような若干の例外はみられたが，特に1990年代半ば以降はマイクロソフト社によるMS-Windowsの独壇場に近い状況を呈している。

しかし，かつては磐石ともいえるMS-Windowsの時代も，リナックス（Linux）やクラウドコンピューティングの台頭，スマートフォンやタブレット端末の発展如何によっては，必ずしも安泰とはいえない状況も垣間みられる。こうした状況は，「オンリーベストワン（only best one）」「最善の一つ以外はすべて全く不必要である」という，ソフトビジネスの苛酷ともいえる本質にかかわる究極的な発展方向ではある。

ブラウザーソフトは，当初は独占的位置を保持していたネットスケープ（Netscape）社ではあったが，ソフトの巨人マイクロソフト社による，たとえば「ソフトの無料配布」といったような奇抜かつ巧妙な戦略にあって，現在ではインターネットエクスプローラ（Internet Explorer）ソフトにその位置を完全に譲ってしまっている。

そして，「因果は巡る」という諺通り，グーグル（Google）社は，かつてマイクロソフト社が主導したブラウザーソフトの無料化という代わりに，あらゆるソフトをオープン化するという形を取り入れて，情報検索の分野で圧倒的なアクセスを確保するに至った。検索エンジンソフトは，現時点ではマイクロソフト社といえども，否この分野で先行したヤフー（Yahoo!）社も日本市場を除いては同様な状況に陥りつつあるが，ネット検索ソフトをネット広告ビジネスと結合するなどの斬新なビジネスモデルによって先行した，超大型新興企業であるグーグル社の牙城は当分崩せない状況下にある。

4．ネットウエアビジネス

第四段階はネットウエアビジネスであり，パソコン通信からインターネット通信，インターネット検索に至るまでのネットウエア，ネットワークへの接続サービスや検索サービスを中心とするビジネスである。1980年代初頭から始まったパソコン通信サービスは，当初は文字通り「通信」，しかも文字通信であり，パソコン通信会社は郵便サービス代行会社ともいえる役割に特化していた。

パソコン通信会社としては，米国ではAOL（American Online）社やマイクロソフト社，わが国ではニフティ（Nifty-Serve）社やピーシーバン（PC-VAN）社をはじめとする多数の会社が誕生した。わが国では1990年代半ばになると，初期のインターネット通信会社，すなわちインターネット接続プロバイダーが各地域に正に「雨後のたけのこ」の如く続々と誕生したが，パソコン通信時代とは大きく異なり，同時に，大半の大規模組織がインターネット接続サービスを自ら担うことになった。

こうした状況において，インターネットは元来の「通信」という機能をはるかに超えて，今日では郵便局から通信社，調査会社や広告会社，図書館や探偵社，あるいは新聞社やデータベース会社，ラジオ放送局やテレビ放送局の役割までも果たすようになってきた．さらに，銀行や保険会社，映画館やビデオレンタル会社，オークション会場やショウルーム施設，観光会社や旅行会社，美術館や博物館，教育機関や医療機関などの多種多様な機能の重要な一部を担いつつある．

ともあれ，将来こうしたきわめて広範な活動領域に至るまでもなく，もはやインターネット通信接続会社というよりはむしろインターネット検索サービス会社という呼称の方が相応しい．そして，この分野で大成功を収めて大躍進を遂げてきた会社は，ヤフー社であり最近のグーグル社であるが，今後もこうしたIT企業が出現してくることは十分に予想されることであろう．もっとも，こうした段階においては，もはやインターネット検索サービス会社というよりはむしろ「インターネット情報サービス会社」「インターネット総合会社」といった呼称の方が相応しいかも知れない．

5．コンテンツビジネス

　第五段階はコンテンツビジネスであり，パソコンの登場とともに出現したビジネスであると言えるが，当初はともかくとして，今日ではコンピュータ関連ビジネスというよりはむしろ情報ビジネスそのものであり，最近ではネットビジネスの中核的な役割を期待されてきており，かつてのパソコンのコンテンツビジネスからインターネットのコンテンツビジネスへと大変身を果たす途上にある．

　コンピュータが「計算機」から情報変換機械，情報蓄積機械，情報伝達機械へと大いなる変貌を遂げるのと連動する形で，たとえばパソコンのストレージ（外部記憶装置）もフロッピーディスク（Floppy Disk：FD）からハードディスク（Hard Disk：HD），コンパクトディスク（Compact Disc：CD），デジタルバーサタイルディスク（Digital Versatile Disc：DVD，デジタル多用途ディスク），

ブルーレイディスク（Blu-ray Disc：BD）へと多様化してきたが，これにともなって，コンテンツの中身も次第に，辞書から辞典，地図，音楽，写真，雑誌，書籍，映画へと，数字系から記号系，文字系，データ系，図形系，写真系，音声系，映像系に至る全てのコンテンツをカバーするように拡大・発展を遂げてきた。

さらに，コンピュータと通信の結合，初期のデータ通信から本格的な情報通信ネットワーク化への進展に連動する形で，コンテンツビジネスは，ネットワークコンテンツビジネスやネットワーク情報ビジネス，ネットワークビジネスへと発展を遂げつつある。たとえば，ホームページ作成からオークション，データ配信，音楽配信，ゲーム配信，ビデオ配信，映画配信，ラジオ番組配信，テレビ番組配信にまで拡大し，電子商取引（Electronic Commerce：EC）やeマーケットプレイスの全領域をカバーすることになり，もはやコンテンツビジネスや情報ビジネスという枠をはるかに超えようとしている。

最新のコンテンツビジネスとしては，特にＩＣＴ化の進展にともなって，パソコン本体や自社サーバーには情報を保存しないで，外部のデータセンターに保存するビジネスが進展する兆しを見せている。遠くない将来，シンクライアントコンピュータの導入とクラウドコンピューティング化の進展にともなって，データはもちろんのことソフトも，外部のデータセンターから必要な時に必要なモノを必要なだけ必要なところにおいて入手するという形，文字通りユビキタス化が実現するわけである。

6．ソリューションビジネス

第六段階はソリューションビジネスであり，狭義のコンピュータ関連のコンサルティングサービスから広義のeマーケットプレイス関連のソリューションサービスに至るまでの，情報ネットワーク化のためのソリューションサービスを中心とするビジネスである。

コンピュータメーカーによるソリューションビジネスへの進出・拡充の典型的な事例は，2002年のIBM社によるプライスウォーターハウスクーパース

(PricewaterhouseCoopers：PwC）社の買収と，同社を中心として新たなビジネスコンサルティングサービス業務を目的とする「IBM ビジネスコンサルティングサービス社」の設立事例がみられる。

　さらに，かつてはその社名自体がコンピュータの代名詞ともなっていたコンピュータ専業企業である IBM 社は，2005年末にサーバーを除いてパソコン事業全体を中国聯想（レノボ）グループ企業に売却するという形で世界を驚かせ，ハードウエアビジネスからソリューションビジネスへの大転換を図って，ＩＴ業界の中でも希に見る好業績を収めている。

　こうした IBM の大変身に続いて，日本のコンピュータメーカーもソリューションビジネスへの移行をめざしているが，現時点では余り成功しているとは言い難い状況である。なおレノボ社は，2011年1月には，こうした勢いを得て合弁という形ではあるが，日本のパソコン業界におけるトップ企業である NEC 社のパソコン事業の実質的な買収を発表している。

　ソリューションビジネスへの移行理由としては，第一にコンピュータメーカー側において，パソコンを中心とするコンピュータビジネスは誠に皮肉なことに，パソコンの最大の特徴である「システム構成性」という特質を最大限に追求してきた結果，参入がきわめて容易になり，最後は価格競争の激化によって，もはや高付加価値の見込めないビジネスとなってきてしまったことである。第二にユーザー企業側において，コアビジネス以外の業務はできる限り「アウトソーシング（outsourcing）」していくことが望ましいという，いわゆる「選択と集中」という経営戦略の一般化により，すべての経営資源をコア業務に集中する経営戦略の採用が増加してきたという事情がある。

　しかし，こうしたコンピュータメーカーを除くあらゆる企業が，いわゆる「アウトソーシング化」の波に乗って，情報ネットワーク化に関する全ての業務をソリューションサービスに依存する指向は，確かに短期的にはそれ相応の妥当性を有するが，長期的には少なからず疑問が残るところでもある。それは根本的には，経営業務の遂行と経営組織の情報化・情報ネットワーク化，換言すれば業務情報化と情報業務化は，相互に密接不可分な関係にあるということ

に依拠する。情報化・情報ネットワーク化は必ずしもただ一方向にのみ進行するわけではなく，その進展過程において，新たなビジネスチャンスが生まれてくるという可能性も無視することはできないのである。

第3節　オフィスの情報化

　ここでは，コンピュータの発展からみたオフィスの展開について考察するが，いかなる変革も決してある日突然起こるわけではなく，そうした変革に至る幾つかの段階があり，また変革が必要とされるに十分な要因がある。ここでは，DP時代，OA時代，IT時代というIT技術の発展段階からみた，オフィスの変革段階について整理する。

　企業において情報処理機能を担当する「オフィス」の変革は，何も今に始まったことではなくこの1世紀間も間断なく起こっているが，特にここ30年間，オフィスは果てしなき変革の連続であった。しかし，そうした一見変革の切れ目なき連続体にも，自ずと幾つかの大きな段階がある。ここでは，わが国のここ半世紀間における情報化からみたオフィスの変革を，大きく以下の四つの段階に区分して捉えてみよう。図表14「情報化からみたオフィスの変革段階」は，各段階における著しい特徴を一つの表にまとめたものである。

1．原始オフィス時代

　原始オフィス時代は，長くオフィス業務にコンピュータが導入され始める1960年代初頭まで続いてきた。この時代のオフィスにおける典型的な情報処理手段は，紙とエンピツであり，電話とソロバンであった。印刷機や複写機，タイプライターといった情報機器も若干使用されていたが，大きなオフィスにおいては，これらが一般の執務オフィスの中に直接置かれることはほとんどなく，直接人目に付くことは少なかった。

　この時代には，執務オフィスと印刷室や複写室，タイプ室は完全に分離しており，そうした情報機器の操作は大抵専従者によって行われていた。ファイリ

第3章　ＩＴによる情報変革

図表14　情報化からみたオフィスの変革段階

	Ⅰ	Ⅱ	Ⅲ	Ⅳ
時代名称	原始オフィス時代	ＤＰオフィス時代	ＯＡオフィス時代	ＩＴオフィス時代
年代	〜1960年代	1960〜1970年代	1980〜1990年代	2000年代〜
関心領域	物的機器・設備	EDP	OA	IT、オフィスデザイン
理論	事務管理 オフィスマネジメント	経営事務管理 アドミニストレーティブ オフィスマネジメント	情報管理 インフォメーションマネジメント	経営情報管理 ファシリティマネジメント
変革指向	マニュアル	EDP 集中オフィス 合理化・集中化	OA 分散オフィス 効率化・分散化	ネットワーク ネットワークオフィス 快適化・機能化
情報機器	電話 印刷機 複写機 電信	コンピュータ（スタンドアローン） コンピュータ（ネットワーク） オフコン 電卓 テープレコーダー OHP タイプライター マイクロフィッシュ	ワープロ パソコン（スタンドアローン） パソコン（ネットワーク） コピー機 ポケットベル FAX テレビ電話 自動車電話 列車電話 航空機電話 ビデオテープレコーダー マルチメディアパソコン ノートパソコン	携帯電話 テレビ会議システム モバイルパソコン カラーコピー機 PDA 複合多機能コピー機 デジタルカメラ携帯 テレビケータイ おサイフケータイ スマートフォン タブレット端末 シンクライアントコンピュータ
組織外部 との通信	郵便 電話 テレックス		データ通信 多機能電話 FAX パソコン通信 電子郵便	携帯電話 電子メール、携帯メール、写メール テレビ会議システム インターネット電話、無線LAN ツイッター、ホームページ、SNS
設置場所	執務オフィスと印刷室、 複写室、タイプ室は別	執務オフィスとEDP室は分離	執務オフィスの中にコピー機、印刷機、パソコン、端末機を設置	各執務デスクの上にパソコンを設置、モバイルパソコンやスマートフォンによるどこでもオフィス

ング設備としては紙ファイルとファイル戸棚が中心であったが，ファイリングシステムについては相当な工夫がなされていた。一方，組織外部との通信手段は，郵便や電話，テレックスによる以外にはなく，直接的なコミュニケーションを中心とする，正に「人間的」なオフィスであった。

2．DPオフィス時代

DPオフィス時代は，大体オフィス業務にコンピュータが導入され始めた1960年代初頭から1970年代末にかけての約20年間である。この時代は，EDP (Electronic Data Processing)，いわゆる汎用コンピュータがあらゆるオフィスに次々と導入されていった時期であるが，それはあくまで新設のコンピュータ室に導入されたのであり，一般の執務オフィスに直接導入されたわけではなかった。

オフィスにおける業務は徐々にコンピュータに置き換えられていったが，一般のオフィスとは離れた別空間にあるコンピュータ室に，処理データを何らかの物理的な手段で運搬して処理し，その処理結果を再び物理的な手段でオフィスに運搬していた。

この時代には，たとえば主として給与計算や売上計算，原価計算のような大量の反復的なデータ処理のためにコンピュータを利用していたが，ユーザーが一般のオフィスにおいて直接利用していたわけではなく，コンピュータが執務オフィスで直接人目に触れることはなかった。したがって，オフィスにおける仕事の内容は徐々に大きく変わっていったが，組織外部との通信手段も含めて，オフィス風景は外見的には，原始オフィス時代とほとんど変わるところはなかった。

3．OAオフィス時代

OAオフィス時代は，1980年代初頭から1990年代末にかけての約20年間である。この時代には，ワープロ，パソコン，ファックス（FAX）に代表される，いわゆるOA（Office Automation）機器が執務オフィスの中に，しかも直接に

個人ベースの形で大量に導入されるとともに，コンピュータも端末機として，あるいはオフコンとして，一般の執務オフィスの中に直接導入されることが多くなってきた。

　この時代には，情報ネットワークやデータベースの拡充にともなって，汎用コンピュータがますます大きな役割を担うようになったが，その一方において，オフコンやパソコンの導入・普及にともなって，徐々に従来のコンピュータ室のウエイトは相対的には低下してくることになった。

　また，複写機や印刷機も飛躍的に高性能化され，大幅なコストダウンが図られた結果，一般の執務オフィスの中に直接に設置され広く普及した。こうした複写・印刷機の著しい技術革新の結果としての，複写・印刷機の大量導入・普及とその分散的配置によって，従来からの複写室や印刷室といった特別な部署は大半が廃止されるに至った。またタイプ室も，ワープロの導入・普及にともなって同様な道を辿ることになった。

　ともあれ，この時代には，組織外部との通信手段として，多種多様な多機能電話やFAX，コピー機，パソコンなどの各種情報機器が，ほとんど個人ベースに近い形で導入・普及されたこともあって，一般の執務オフィスは外見的にもかつてないほどの大変貌を遂げることになるが，オフィスにおいて働く「人間」ということに焦点をあてて捉えてみると，各種の情報機器に取り囲まれ，仕事の内容が知的なものに変容してきたという事情もあって，かなりのストレスを生む場所となってきた。

4．ＩＴオフィス時代

　ＩＴオフィス時代は，1990年代末から始まり今日に至っている。オフィスはいつの時代にも「ニューオフィス（new office）」であるという見方によれば，「最新」のニューオフィスということになる。しかし，この時代もいずれニューオフィス時代ではなくなり，たとえばＩＴオフィスとでもいった正規の名称が付与されることになる。

　ＩＴオフィス時代には，パソコンやワークステーションがスタンドアローン

的な利用からネットワーク的に利用され，旧来のデータ通信やパソコン通信からインターネット通信が主要な情報伝達手段となる。一方電話は，旧来のポケットベルや多機能電話，自動車電話から携帯電話，さらにはネットケータイ，デジカメケータイ，テレビケータイ，おサイフケータイ，そして電子メールからケータイメール，Webメール，ＨＰメールという形で大きな発展を遂げて，オフィスにおいてもますます重要な通信手段となる。

　全く新しい通信手段として，旧来のISDNやADSLからCATVやFTTH，テレビ会議システム，衛星通信，無線LANによるインターネット通信へと移行し，グローバル，ローカルの両面において著しい発展を遂げてきている。

　ともあれ，この時代の大きな特徴は，情報技術のあらゆる面におけるパーソナル化，ネットワーク化，マルチメディア化，ユビキタス化にある。この瞬間にも，コミュニケーションツールとしてのＩＣＴ化の進化は留まるところを知らないかの状況にある。たとえば，複合多能カラーコピーやテレビ電話，コピーやパソコンと連動する複合多能FAX，高機能携帯電話（スマートフォン）や多機能携帯端末（タブレット端末），超高速データ通信や超高速無線LANなど枚挙に暇がないほどの，多岐に渡る多様化・複合化が大いに進展している。

　しかし何と言っても，1980年代末から始まった，第何次かのニューオフィス化時代の最大の特徴は，オフィスに対する基本的な捉え方が，効率性指向・情報中心指向から快適性指向・人間中心指向へ，さらにはリアルオフィスオンリー指向からリアルオフィスとバーチャルオフィスの相互補完指向へと大きく移行したことにある。

Morikawa World Plus 1

第4章 ITによる組織変革

Morikawa World Plus 1

第1節　経営資源システムの本質

1．経営組織と経営資源

　経営資源とは，経営システムにおいて使用される資源のことである。どのような経営組織も，何らかの経営資源を活用することによって構成・維持・発展している。経営資源は通常，目に見える資源としてのヒト（人），モノ（物），カネ（金）に加えて，目に見えない資源としての知識（情報・技術）の四つを指し，それぞれ人的資源，物的資源，金的資源，知的資源と呼ばれる。

　これは実際には，経営組織の「事業目的・事業対象面」と「業務手段・業務方法面」の二つの側面に関係している。そして，経営組織がその組織環境に対して，前者は「どのような」「有効的な」製品やサービスを提供していくかにかかわる側面であり，後者は製品やサービスを「どのように」「効率的に」提供していくかにかかわる側面である。

　私的であれ公的であれ，あるいは経済的，政治的，文化的，医療的，軍事的の如何にかかわらず，あらゆる組織は，システム的観点からみると全くの例外なく，その組織の外部環境から何らかの製品やサービスを導入（入力）し，それを組織の内部環境において何らかの処理（変換）を加え，その組織の外部環境へ何らかの製品やサービスを提供（出力）することによって初めて存在・維持している。

　要するに，経営組織は本来的にオープンシステムであり，いかなる経営組織

も例外なく，その外部環境（スーパーシステム）との間で諸資源を相互に交換しあうことによって初めて存在し維持することができる。経営システムは巨視的には，さまざまな経営資源を媒体とする，社会環境から社会環境に至る「媒介物」であり「変換機構」に他ならない。

　システム的観点からみた，経営システムの基本的課題は，一つは有効的な事業目的と事業対象に対して，もう一つは効率的な業務手段と業務方法に対して，各種の経営資源をどのようにうまく使用・活用・配分していくかにある。そして，こうした資源のうちのいずれを主要な管理対象としているかによって，経営システムはさらに各種のサブシステムに区分される。経営システムは，経営資源の流れから把握すると，基幹プロセスと補助プロセスという二つのプロセスから構成されており，あらゆる組織は全くの例外なく，こうした分析的枠組みにおいて普遍的に把握することができる。

2．基幹プロセスと補助プロセス

　「経営システム」という言葉には，次の二つの意味が含まれる。一つは「経営におけるシステム」，すなわち経営組織や経営構造に関するシステムである。もう一つは「経営のためのシステム」，すなわち経営管理や経営機能に関するシステムである。ここでは，主として経営資源からみた経営におけるシステムについて取り上げるが，こうした観点からみると，経営システムには以下の二つのプロセスを識別することができる。

(1)　基幹プロセス

　第一は基幹プロセスであり，経営組織を流れる資源のうちで，経営組織の事業目的・事業対象面にかかわる資源プロセスである。すなわち，経営組織の主要な成果の産出に直接的にかかわるプロセスであり，企業組織が外部環境に提供・供給・出力している商品・サービスに直接的にかかわる業務であり，この業務なしには個別組織の設立・存在・存続の意義がなくなる業務である。

　要するに，これは個有組織が個有組織として存在している存在要件としての経営資源の流れである。実際の経営組織においては，この基幹プロセスに直接

かかわる組織はすべてライン組織ないしはライン部門，現業部門，基幹部門などと呼ばれる。

(2) 補助プロセス

第二は補助プロセスであり，経営組織を流れる資源のうちで，経営組織の業務手段・業務方法面にかかわる資源プロセスである。すなわち，経営組織の主要な成果の産出に間接的にかかわるプロセスであり，企業組織が外部環境に提供・供給・出力している商品・サービスに間接的にかかわる業務であり，この業務なしには個別組織の運営・活動・展開の実施ができなくなる業務である。

要するに，これは個有組織が運営組織として存在している支援要件としての経営資源の流れである。実際の経営組織においては，補助プロセスに直接かかわる組織はすべてスタッフ組織ないしはスタッフ部門，支援部門，補助部門などと呼ばれる。

なお，ここで補助プロセスというのは，基幹プロセスを有効的かつ効率的に支援する役割であり，決して基幹プロセスよりも重要性が低いという意味ではない。こうした二つのプロセスは，相互に密接かつ不可分な形で関連し，補完し合っており，その重要性に差異はない。ともあれ，補助プロセスにおける経営資源の流れは，基幹プロセスを流れる経営資源に対して実際的に付加価値を付け加えていくという役割を担っており，両者は一つになって初めて経営組織が構成される，いわば表裏一体的・相互補完的な関係にある。

3．生産企業組織の経営システム

ここで，生産企業組織について，経営資源の流れから経営組織と経営システムを取り上げると，図表15「経営資源の流れからみた経営組織」，図表16「経営資源の流れからみた経営システム（生産企業組織）」のように，それぞれ一つの図で表わされる。

生産企業組織における経営システムは，経営資源の流れからみると基幹システムと補助システムから構成されている。さらに，基幹システムはシステム思考のいわゆる入力─処理─出力に対応する形で購買システム，生産システム，

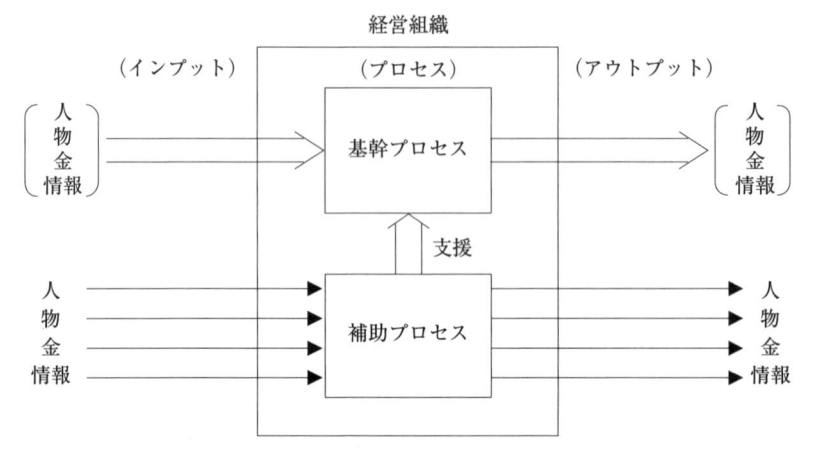

図表15　経営資源の流れからみた経営組織

```
                        経営組織
  （インプット）     （プロセス）      （アウトプット）
  ┌人┐                ┌──────┐                ┌人┐
  │物│ ──────────▶  │基幹  │ ──────────▶ │物│
  │金│                │プロセス│              │金│
  └情報┘               └──────┘              └情報┘
                           ▲
                           │支援
                        ┌──────┐
  人  ─────────────▶ │      │ ─────────▶ 人
  物  ─────────────▶ │補助  │ ─────────▶ 物
  金  ─────────────▶ │プロセス│ ─────────▶ 金
  情報 ─────────────▶│      │ ─────────▶ 情報
                        └──────┘
```

販売システムという三つのサブシステムから構成される。一方補助システムは，いわゆる人，物，金，情報に対応する形で人事システム，施設システム，財務システム，情報システムという四つのサブシステムから構成される。

このように，経営システムは幾つかのサブシステムから構成されているが，「システムは相互に作用し合っている諸システムの集合である」「システムはシステムから成る」ので，さらにサブシステムもまた例外なくそれぞれ，幾つかのプロセスから構成される。

たとえば，生産システムは前処理，加工・組立・検査，後処理のプロセスから構成され，人事システムは募集・採用，教育・訓練，配置・転換のプロセスから構成され，情報システムは情報の認識・収集，変換・蓄積・創出，伝達・提供といった幾つかのプロセスから構成される。そして，さらに分析目的に応じて，それぞれ一つひとつのより小さな幾つかのサブシステムとして把握される。

なお，「情報システム」という用語は，ここでは実際に情報システムと呼ばれている範囲よりも遥かに広い意味で使用されており，厳密には例外なく大別すると次の二つの業務が含まれる。第一は，基幹システムの資源の流れの有効性と効率性にかかわる，たとえば製品開発，製造方法，調達方法，販売方法の

図表16　経営資源の流れからみた経営システム（生産企業組織）

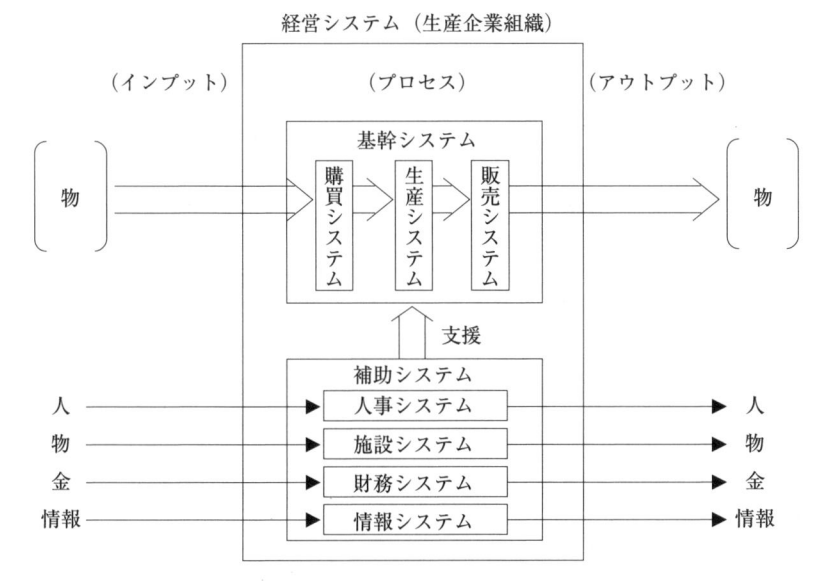

経営システム（生産企業組織）

（インプット）　　　（プロセス）　　　（アウトプット）

基幹システム：購買システム → 生産システム → 販売システム

物 → → 物

支援

補助システム：人事システム、施設システム、財務システム、情報システム

人 → 人
物 → 物
金 → 金
情報 → 情報

「技術的知識」に関する研究開発業務や市場調査業務である。第二は、補助システムの資源の流れの有効性と効率性にかかわる、たとえば人事管理や財務管理の「管理的知識」に関する調査研究業務である。

第2節　経営資源システムの種別

　特に近年、情報・福祉・環境面における社会的ニーズの表出や変化、あるいはいわゆる規制緩和による、従来は公的サービスによって提供されてきた分野への私的サービスの参入等によって、経営組織の事業目的や事業分野は多岐に渡っているが、今後ともこうした組織の多様化傾向にいっそう拍車がかかることが十分に考えられる。

　しかし、こうした新たな状況においても、経営組織は例外なく、その基幹プロセスと補助プロセスの両方がそれぞれ「入力（インプット）―処理（プロセス）―出力（アウトプット）」という一連の過程において、何らかの経営資源に

かかわって存続するという基本構造には，全く変化はみられない。

　まず基幹プロセスを流れる経営資源は，通常はいわゆる人，物，金，情報のうちのいずれか1種類の資源から成っており，複数の資源に渡ることはほとんどないが，その資源の種類は多くの場合，組織目的からみた経営組織の種類と一致する。一方，補助プロセスを流れる経営資源は，いわゆる人，物，金，情報の4種類の資源から成っているが，その資源の具体的な内容は基幹プロセスを流れる資源の如何によって大きく異なる。

　ともあれ，基幹プロセスを流れる資源は，基本的には経営組織のいわゆる「業種」からみた種類・産業ごとに異なる。そこでいま，こうした基幹プロセスにおける経営資源の流れからみると，経営システムは以下の四つの類型に区分することができる。図表17「経営システムの類型と例示（経営資源の流れからみた）」は，こうした経営システムの類型と例示を一つの表にまとめたものである。

図表17　経営システムの類型と例示（経営資源の流れからみた）

システム	例　示
人流型システム	学校などの教育機関，病院などの医療機関，寺院や教会などの宗教団体組織，老人ホームや老人保健施設，旅館やホテル会社，観光会社や旅行会社，鉄道会社や航空会社，船舶会社，バス会社やタクシー会社などの交通・輸送機関，人材派遣会社，労働組合，政治団体，結婚相談所
物流型システム	自動車会社や電機会社，機械会社，繊維会社，鉄鋼会社，薬品会社のような生産企業組織，百貨店やスーパー，量販店，専門店，コンビニ，商社，小売店，ガソリンスタンドなどの流通企業組織，宅配会社や運送会社，電力会社やガス会社，水道局のようなエネルギー供給機関，不動産会社や鉱工業会社
金流型システム	銀行や信託銀行などの金融機関，生命保険会社や損害保険会社などの保険機関，証券会社，カード会社のような信販会社
情流型システム	新聞社や放送局，雑誌社や出版社，映画製作会社や番組製作会社，ソフトウェア会社，ゲームソフト会社，ホームページ製作会社，広告会社，印刷会社，データセンター，研究所や研究学会組織，探偵社や情報調査会社，法律事務所，会計事務所，建築設計事務所，コンサルタント会社，試験検査機関

1．人流型システム

　第一は人流型システムであり，基幹プロセスの経営資源の流れが「人」を中心としているものである。ここでは，入力から出力に至るプロセスにおいて実際に特定の具体的な個々の「人間」に対して，身体上・精神上にかかわる形で具体的なサービスが付与される。ここでの資源の流れは，文字通り解釈すると「人間」の流れになるが，たとえば教育的・文化的・宗教的・医療的・介護的・観光的・輸送的な種々なサービスの実施を意味する。

　具体例としては，たとえば学校などの教育機関，病院などの医療機関，寺院や教会などの宗教団体組織，老人ホームや老人保健施設，旅館やホテル会社，観光会社や旅行会社，鉄道会社や航空会社，船舶会社，バス会社やタクシー会社などの交通・輸送機関，人材派遣会社，労働組合，政治団体，結婚相談所などの組織が含まれる。

2．物流型システム

　第二は物流型システムであり，基幹プロセスの経営資源の流れが「物」や「エネルギー」を中心としているものである。ここでは，入力から出力に至るプロセスにおいて実際に特定の製品や商品という，具体的な「物質」や「エネルギー」という形で産出されていく具体的なサービスが付与される。ここでの資源の流れは，文字通り物質やエネルギーが流れることを意味する。

　具体例としては，たとえば自動車会社や電機会社，機械会社，繊維会社，鉄鋼会社，薬品会社のような生産企業組織，百貨店やスーパー，量販店，専門店，コンビニ，商社，小売店，ガソリンスタンドなどの流通企業組織，宅配会社や運送会社，電力会社やガス会社，水道局のようなエネルギー供給機関，不動産会社や鉱工業会社などの組織が含まれる。

3．金流型システム

　第三は金流型システムであり，基幹プロセスの経営資源の流れが「金」を中心としているものである。ここでは，入力から出力に至るプロセスにおいて実

際に特定の金融商品という，具体的な「金銭」や「財務」という形で産出されていく具体的なサービスが付与される。ここでの資源の流れは，文字通りお金が流れることを意味する。

　具体例としては，たとえば都市銀行・地方銀行・信託銀行等の金融機関，生命保険会社・損害保険会社・再保険会社等の保険機関，証券会社や投資会社，クレジットカード会社やポイントカード会社，債権売買会社や貸金業者のような信販会社などの組織が含まれる。

4．情流型システム

　第四は情流型システムであり，基幹プロセスの経営資源の流れが「情報」を中心としているものである。ここでは，入力から出力に至るプロセスにおいて実際に特定の情報商品や情報サービスという，具体的な「知識」や「情報」という形で産出されていく具体的なサービスが付与される。ここでの資源の流れは，文字通り情報が流れることを意味する。

　具体例としては，たとえば新聞社や放送局，雑誌社や出版社，映画製作会社や番組製作会社，ソフトウエア会社，ゲームソフト会社，ホームページ製作会社，広告会社，印刷会社，データセンター，研究所や研究学会組織，探偵社や情報調査会社，法律事務所，会計事務所，建築設計事務所，コンサルタント会社，試験検査機関などの組織が含まれる。

第3節　経営資源システムの情報化

1．業務情報化と情報業務化

　情報化の進展は，たとえば業務情報化や産業情報化と同時に情報業務化や情報産業化を進展させるが，ここでは，すでに掲げた図表15と図表16との関連づけにおいて，こうした傾向を経営資源の流れという観点から捉えてみよう。

　「情報業務化」は経営組織の基幹プロセスにおける情報資源のウエイトを拡大し，「業務情報化」は経営組織の補助プロセスにおける情報資源のウエイト

を拡大する指向である。そこでいま，こうした指向を産業組織分野においてみると，情報業務化は「情報産業化」と密接にかかわり，業務情報化は「産業情報化」と密接にかかわる。業務情報化と情報業務化は，必ずしも業務情報化から情報業務化へといった一方向的な展開だけではなく，情報業務化から業務情報化へといった双方向的な展開を加速する。

　現在組織は，情報機能を強化するために，たとえば生産，販売，人事，財務といった各種業務にかかわる「情報処理」のIT化，ICT化を推進して業務の効率化や迅速化を図っているが，一般的には依然として業務情報化に留まっている場合が多い。

　しかし，情報ネットワーク化の真の意味は，こうした単なる業務情報化にのみあるわけではない。業務情報化は，たとえどのように順調に進行しても，事後的業務に付随した補助的かつ支援的な役割に留まる。したがって，そうした情報処理によって産出される大量の情報を体系的かつ継続的に集積・統合・分析することによって，質的に異なる新しい情報の創出，いわゆる「情報創造」へと展開を図ることが，次なる飛躍の第一歩となる。

　ここで，新しく創出された情報の用途について触れれば，一つはそれが生み出された既存業務の高度化への活用であり，もう一つは既存業務とは異なる分野・目的への活用であるが，後者は「情報業務化」として捉えられる。今日情報は一つの重要な資源であり，情報ネットワーク化によって，組織における情報機能を情報処理的機能から情報創造的機能へ，また業務情報化から情報業務化へと展開していくことが重要である。

　こうした関係が組織内部において明白にみられる具体例示としては，情報サービス業への進出，あるいは情報システム部門の別会社化といった傾向が指摘される。個々の企業組織における情報化の進展とともに，情報に関する産業化も進展していく。他方，こうした情報を中心とするいわゆる情報産業の発展にともなって，個々の企業組織における情報化もいっそう高質な情報製品や情報サービスをより安価に，かつより大きなサポートが受けられるようになる。換言すれば，産業情報化は情報産業化を推進し，逆に情報産業化は産業情報化

を促進するのである。

2. 業務情報化から情報業務化へ

　まず，業務情報化の促進が情報業務化を進展する事例を取り上げてみよう。たとえば，大手鉄鋼メーカーが製鉄所における研究開発，製造，検査，工程管理等の各業務プロセスのコンピュータ化を促進するために，相当な情報化投資を実施して，情報システム部門やシステム開発部門を大幅に拡充し，大量の優秀な情報処理技術者が独自に有用な業務ソフトウエアを開発し，業務システムを運営するための有用なノウハウを蓄積してきた場合には，以下の二つの方策のいずれかの展開を図ることになる。

　第一は，自社用に独自に開発したシステムやソフトウエアを，ある程度の汎用性と市場性を持つように多少手を加えて改善して，市場において販売することによって，投入した情報化投資額のうちの幾らかでも回収する。

　第二は，システムやソフトウエアの開発を担当する情報システム部門の大半を主体として分離独立し，新たに情報システム会社や情報サービス会社を設立し，従来の情報システム部門で実施していた業務の大半をその新会社に引き継いで実施する。

　こうした方策は両極を示したものであり実際的には，たとえば別会社化はしないで新規に事業部を新設するといったような幾つかの選択可能なコースがある。いずれの方策にも長短がみられるが，特に別会社化する場合の最大のメリットは，情報が一つの事業目的となることによって，それに最も適合した人材を獲得することができよう。

　いずれのコースを選択するかは，最終的にはその経営環境の認識と経営戦略の如何によるが，多くの場合は新たに情報ビジネス関連の事業部や会社を設立することになる。従来は情報関係の業務はいかにそれが重要なものであれ，一つの会社全体からみれば決して事業目的ではなく，単に補助的な業務でしかなかったが，新たに情報関係の事業部や新会社を設立することによって，情報が事業目的・事業対象の一つになるわけである。こうして，業務情報化の促進に

よって情報業務化が進展するのである。

3．情報業務化から業務情報化へ

次に，情報業務化の促進が業務情報化を進展する事例をあげてみよう。これは，業務情報化から情報業務化への事例と逆の場合，あるいはそうした事例における経過状況の場合である。いま，ある化粧品メーカーにおいて，従来の情報システム部門を中心とした新しい事業部や別会社の設立によって，一つの企業全体としての情報システム開発能力や情報サービス能力は格段に強化される。昨今の情報化の進展状況からみて，もし一つの企業において，業務情報化が避けては通れない必要不可欠な要件であるとすれば，出来る限り経営組織のニーズに適合した，種々の制約条件の下で獲得し実現していく必要がある。

ところが，業務情報化は正にその「業務」と密接に関係しており，決して他人まかせや他社まかせで実現できるものではない。ここで，ある化粧品会社は，新たに設立された事業部や別会社によって，従来の情報システム部門よりも特にコスト的かつ総合的にみてよりいっそう良質なサポートを受けることが可能になる。とりわけ，従来は情報システムの開発と運営のために投入する膨大な費用，いわゆる情報化投資コストを自社のみで負担しなければならなかったが，そうした新たに開発したシステムとソフトウエア，さらにはそのための人材とその能力を他に活用することができるようになる。

したがって結果的に，投入コストの一部回収や同一コストによるより良質なサービスの獲得が可能となり，サービスとコストの両面においてきわめて大きなメリットを享受することになる。こうして，情報業務化の促進によって業務情報化が進展するのである。

4．業務情報化と情報業務化の相互関係

業務情報化と情報業務化のこうした双方向的な関係をもう少しマクロな産業レベルにおいてみるとよりいっそう鮮明になる。個々の企業組織における情報化の進展にしたがって，情報システムの開発や情報サービスの提供に関する

ニーズが全体として大幅に増大し，それがやがて情報に関する一つの産業として発展・展開していくことになる。

一方，情報を中心とした産業の発展にともなういわゆる「規模の経済」によって，従来は個々の企業ではコスト的に導入困難であったサービスを容易に受け入れることが出来るようになり，結果として個々の企業組織における情報化がいっそう促進されるようになる。換言すれば，産業情報化は情報産業化を推進し，逆に情報産業化は産業情報化を促進するのである。

原理的にはこうした二つの区別が明確になされるが，高度情報化の進展にともなって，たとえば銀行の基幹システムにおける経営資源についてみると，次のような新しい展開がみられるようになった。銀行の基幹システムにおける経営資源は原理的には「金」であり，従来は顧客企業からの資金融資の申込，あるいは手持不動産や手持資金にかかわる活用相談の受け身的な情報を基本にしてきた。

しかし，特にバブル期を通して，こうした受け身的な方向だけではなく，逆に銀行から顧客企業に対して状況に応じた活用策を積極的に提案していくといった形を採ることも多くなってきている。すなわち，銀行がまず土地やオフィスの売り手と買い手，あるいは貸し手と借り手を情報的に結合させて，実質的には物件仲介業者や不動産会社的な役割が徐々に大きなウエイトを占めるに至ってきている。否，まずそうした本来の銀行業務とは必ずしも直接的に結びつかない方法・接触を通して，本来の資金移動を中心とする銀行業務としてのビジネスを大幅に拡大するのである。

5．経営資源システムの情報化図式

以上，経営資源の流れからみた経営システムの情報化について，業務情報化と情報業務化，産業情報化と情報産業化という観点から考察を加えたが，ここでは上述の考察をより具体的かつ明確にするために，以下のような六つの図表によって示しておきたい。

第一に，図表18「企業と産業の情報化（類型図）」は，経営資源の流れから

第4章　ＩＴによる組織変革　63

図表18　企業と産業の情報化（類型図）

補助プロセス	産業の情報化	業務の情報化
基幹プロセス	情報の産業化	情報の業務化
対象プロセス＼対象分野	産業分野	企業分野

図表19　企業と産業の情報化（循環図）

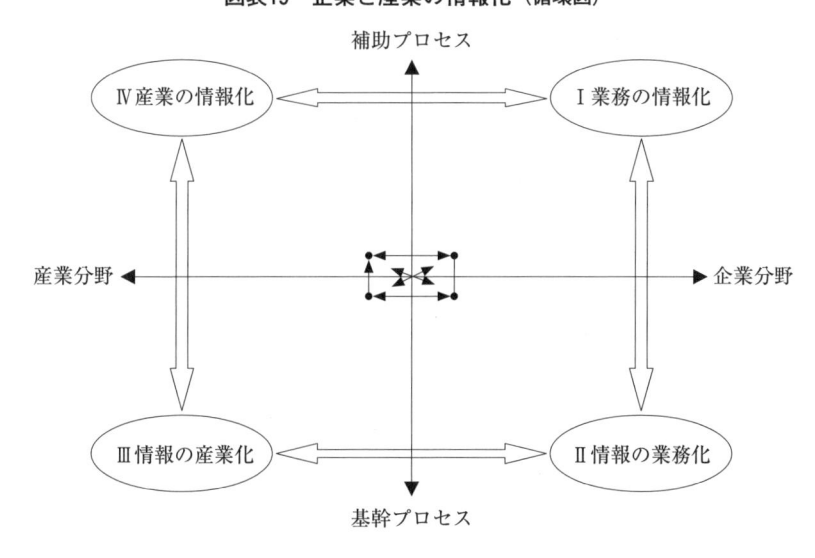

```
                    補助プロセス
                        ↑
    Ⅳ産業の情報化 ⇔          ⇔ Ⅰ業務の情報化
            ↕                        ↕
   産業分野 ←――――――――――→ 企業分野
            ↕                        ↕
    Ⅲ情報の産業化 ⇔          ⇔ Ⅱ情報の業務化
                        ↓
                    基幹プロセス
```

みた経営システムの情報化を対象プロセスと対象分野という視点から類型化し図表化したもので，ここでは，対象プロセスは基幹プロセスと補助プロセス，対象分野は企業分野と産業分野のそれぞれ二つに区分した。

　第二に，図表19「企業と産業の情報化（循環図）」は，図表18において類型化された業務情報化，情報業務化，産業情報化，情報産業化の相互循環的な関係を図表化したもので，ここでは，四つの情報化と業務化の関係が明確になっている。

　第三に，図表20「業務情報化」は，図表19の第Ⅰ象限に位置する業務情報化

図表20　業務情報化

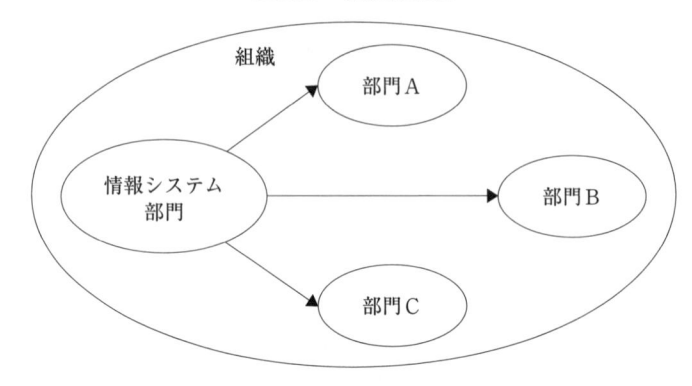

[図：組織内に情報システム部門があり、部門A、部門B、部門Cへ矢印が伸びている]

図表21　情報業務化

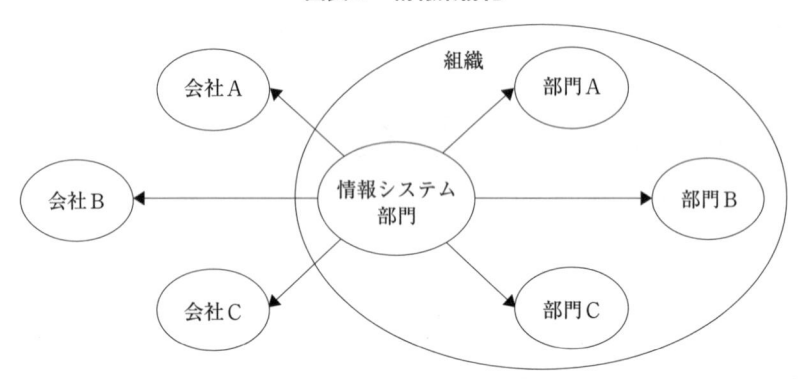

[図：組織内の情報システム部門から、組織内の部門A、部門B、部門Cへ、また組織外の会社A、会社B、会社Cへ矢印が伸びている]

について，組織内部に位置する情報システム部門と当該組織内の他部門との関係を図表化したもので，この段階は，当該組織内部における情報システム部門の独立化である。

　第四に，図表21「情報業務化」は，図表19の情報業務化（第Ⅱ象限）について，組織内部に位置する情報システム部門と当該組織内における他部門，ならびに組織外部の他企業との関係を図表化したもので，この段階は，当該組織内部における情報システム部門の事業化である。

　第五に，図表22「情報産業化」は，図表19の情報産業化（第Ⅲ象限）につい

図表22　情報産業化

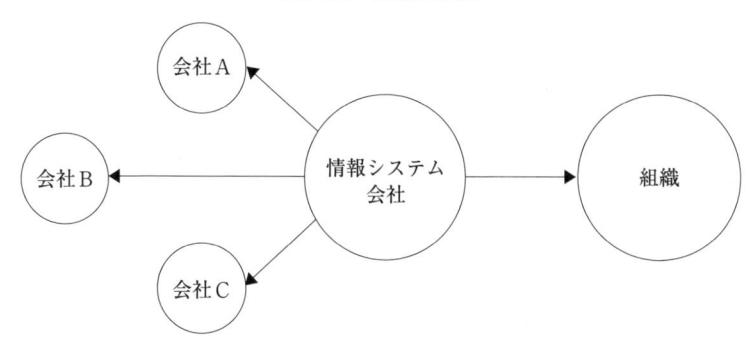

図表23　産業情報化

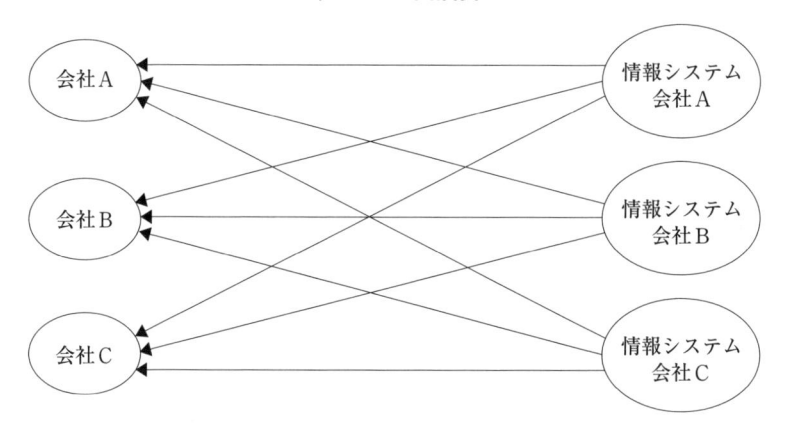

て，組織外部に位置する独立した情報システム会社と当該組織との関係を図表化したもので，この段階は，情報システム部門の組織外部における独立情報システム会社化である。

　第六に，図表23「産業情報化」は，図表19の産業情報化（第Ⅳ象限）について，組織外部に位置する独立した複数の情報システム会社の出現と，そうした会社からサービスを受ける当該組織を含む複数の会社との関係を図表化したもので，この段階は，情報システム部門から発展した組織外部における独立情報システム会社の事業拡大化である。

第5章 ITによる経営変革

Morikawa World Plus 1

第1節　経営組織と経営環境

1．システムと環境

　一般的用語としての「環境」は，四囲の外界，周囲の事物，特に人間や生物を取り巻き，それと相互作用を及ぼし合う外界を意味し，自然環境と社会環境の二つに大別される。

　環境はシステムとの関係において初めて明確に捉えられる。たとえばホール（Arthur D. Hall）によれば，「ある与えられたシステムについて，その環境とはシステム外部にあるすべての要素の集合であり，(1)その属性の変化がシステムに影響を及ぼし，(2)システムの動作によってその属性が影響を受けるものである[8]。」また，モートン（Jack A. Morton）によれば，「すべてのシステムは，システムより大きなシステムの一部として—そのシステムを取り巻く環境の一部として—考えなければならない。というのは，環境との交互作用というものがあって，はじめてそのシステムの入出力が考えられるからである[9]。」

　システムと環境との関係はこのように定義づけられるが，何を否どこまでをシステムとみなし，どこからを環境とみなすかという重大な問題が生じてくる。しかし究極的には，どの要素の集合をシステムとみなすかは恐らく，任意的なものに依存せざるを得ない。システムと環境を隔てている境は「境界」と呼ばれるが，どこが境界であるかはひとえに，システム思考を適用する分析者の分析目的の如何に依拠する。

環境概念は，その対象領域という観点からは，外部環境と内部環境に大別されることも多い。ここで，環境とは本来の意味からいえば外部環境のことに他ならないので，内部環境という用法は，その概念の本質ときわめて矛盾する。しかし，システム概念は，あるレベルのシステムはそのすぐ上位レベルにおけるシステムを環境としてもつ一方，そのすぐ下位レベルにおけるシステムの環境であるという，いわゆる階層的特性を有するので，外部環境，内部環境という用法は，実際上はある程度の妥当性を有している。

図表24「個体（システム）と環境」と図表25「システムの階層」は，こうしたシステムと環境との関係を一つの図にまとめて示したものである。さらに，図表26「資源プロセスからみた組織の外部環境（生産企業組織）」は，具体的な生産企業組織を取り上げて，資源プロセスからみた組織の外部環境を一つの図にまとめて示したものである。

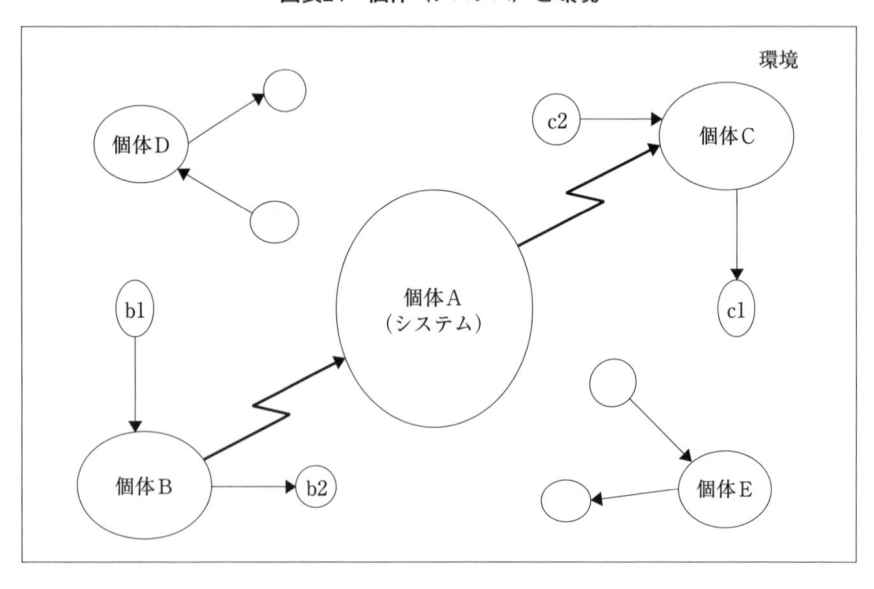

図表24　個体（システム）と環境

図表25　システムの階層

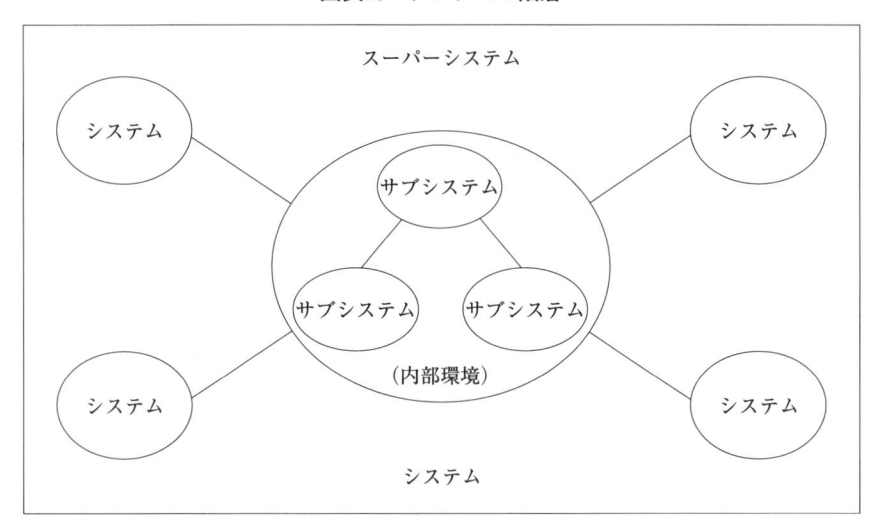

```
スーパーシステム
  システム          システム
        サブシステム
    サブシステム  サブシステム
        （内部環境）
  システム          システム
         システム
```

2．情報と環境

　情報概念は識者によってさまざまに定義づけられているが，サイバネティックス（Cybernetics）概念の創始者であるウィーナー（Norbert Wiener）によれば，「情報とは我々が外界に適応しようと行動し，またその調節行動の結果を外界から感知する際に，我々が外界と交換するものの内容につけた名前である[10]。」

　こうした定義によると，第一義的には情報は環境における種々な変化をいち早く察知すると同時に，環境に対して変化を誘導していくためのモノである。個体は，情報によって，その環境の状況を正確に知ると同時に，環境に対して自らの状況を知らしめることができる。ともあれ，経営組織を取り巻く経営環境が複雑化・不確実化するにともなって，経営意思決定と経営情報がいっそう重要になる。情報と環境は，個人・組織・社会のいずれの個体にとっても，相互に密接不可分な関係を有している。

　環境は本来きわめて不確定なものであり，そうした個体における環境の不確実性を減少するモノが情報である。そこでいま，天気予報を例にとって考えて

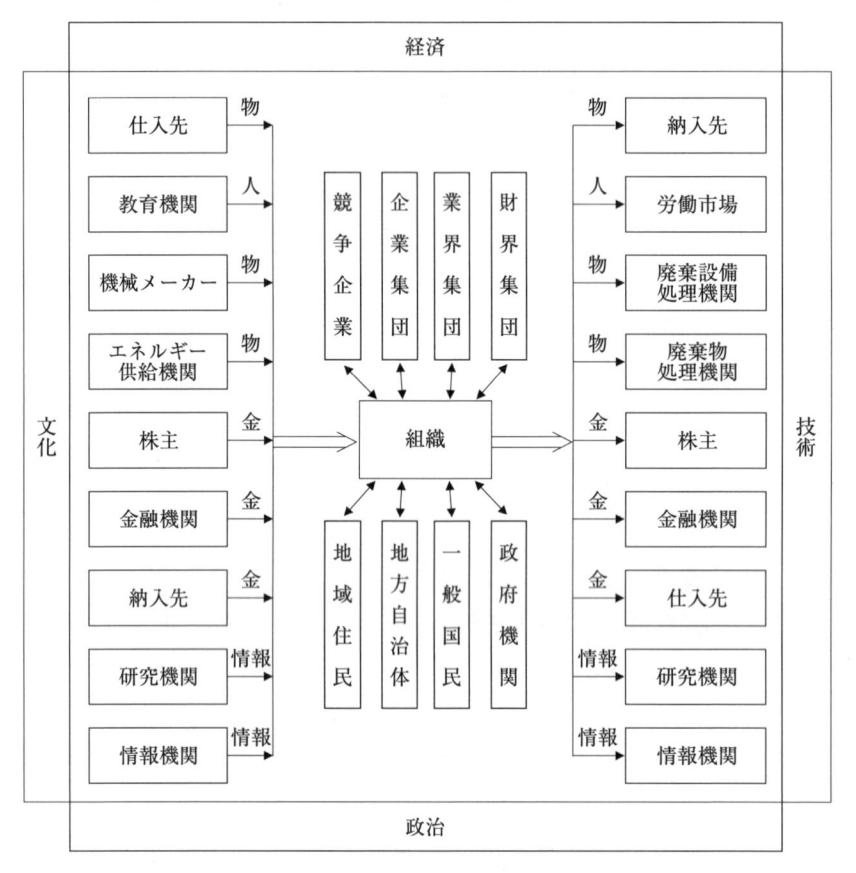

図表26　資源プロセスからみた組織の外部環境（生産企業組織）

```
          経済
┌─────────────────────────────────────────┐
│ 仕入先      物→  [競 企 業 財]  物→  納入先        │
│ 教育機関    人→  [争 業 界 界]  人→  労働市場      │
│ 機械メーカー 物→  [企 集 集 集]  物→  廃棄設備処理機関│
│ エネルギー   物→  [業 団 団 団]  物→  廃棄物処理機関  │
│ 供給機関                                    │
│ 株主        金→       組織       金→  株主        │
│ 金融機関    金→                  金→  金融機関    │
│ 納入先      金→  [地 地 一 政]   金→  仕入先      │
│ 研究機関   情報→ [域 方 般 府]  情報→ 研究機関    │
│ 情報機関   情報→ [住 自 国 機]  情報→ 情報機関    │
│              民 治 民 関                  │
│                  体                        │
│  文化                                 技術 │
└─────────────────────────────────────────┘
          政治
```

みると，天気情報自体の当たる確率は別とすれば，私達は例外なくテレビやラジオ，新聞，ネットなどで天気情報を見聞きすることによって，そうしない場合よりもはるかに何倍も，「明日のお天気の状況」という自然環境に対する不確実性を減少することができる。図表27「個体における情報と環境」は，こうした個体と環境における情報の役割を一つの図にまとめて示したものである。

　また，たとえば化粧品メーカーによる新商品販売に際しての，環境の不確実性の減少策について考えてみると，化粧品メーカーは通常，情報による環境の

第5章　ITによる経営変革　71

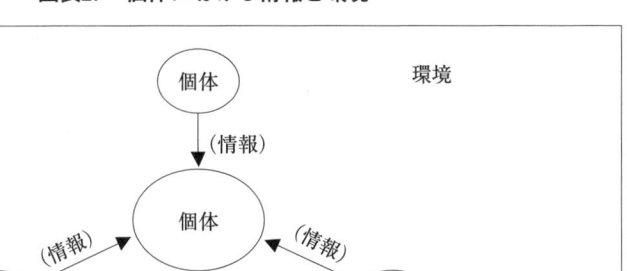

図表27　個体における情報と環境

```
┌─────────────────────────────────────────┐
│                              環境        │
│            ○個体                         │
│             │(情報)                      │
│             ▼                            │
│    (情報)  ○個体  (情報)                 │
│    ───▶        ◀───                     │
│   ○個体              ○個体              │
│        ┌──────────────┐                  │
│        │ 不確実性の減少 │                │
│        └──────────────┘                  │
└─────────────────────────────────────────┘
```

不確実性の減少のために少なくとも次の二つの施策を講じている。

　第一は，新商品の発売に際して，系列の化粧品販売店からの新商品の売れ行き予測や，過去における同類商品の販売状況に関する詳細分析，アンテナショップによる売上状況，あるいはお客様相談センターからの相談情況やクレーム処理情況に関する報告・分析，すなわち情報の処理・分析・創出という手法によって不確実性の減少を図る。

　第二は，新商品の発売に先立って，ある一定期間に渡ってテレビやラジオ，新聞，ネットなどにおいて，新商品の広告・宣伝を巧妙に行なって，新商品の発売以前に多くの消費者に新商品を受け入れる素地を醸成した後で，時機をみて実際に新商品を発売する需要創造策，すなわち情報の伝達・提供・普及という手法によって不確実性の減少を図る。

　組織における情報の問題を考察する場合には，まず組織環境や経営環境の変化についての十分な考察が不可欠である。情報活動の必要性は，直接的には情報の必要性と密接不可分に関係している。そして，情報の必要性という問題は，個々の組織における特有の問題というよりもむしろ，根本的には「現代組織」に特有の問題である場合も多い。

3．組織と環境

「組織」概念は本来「環境」概念と密接不可分な関係を有する。バーナード (Chester I. Barnard) によれば，「組織は，相互に意思を伝達できる人々がおり，それらの人々は行為を貢献しようとする意欲を持って，共通目的の達成をめざすときに，成立する。したがって，組織の要素は，(1)コミュニケーション，(2)貢献意欲，(3)共通目的である。これらの要素は組織成立にあたって必要にして十分な条件であり，かようなすべての組織にみられるものである。(中略) 組織が存続するためには，有効性または能率のいずれかが必要であり，組織の寿命が長くなればなるほど双方がいっそう必要となる[11]。」

組織の存続要件としての「有効性」概念は，組織から環境へのアウトプットの如何にかかわっており，「組織環境」概念ときわめて密接な関係にある。組織は，そのアウトプットたる製品やサービスの受入先が存在して初めて供出することができる。組織存続のためには，製品やサービスが常に，その組織環境において受容される形で供出されなければならない。したがって組織の有効性の如何は，組織と組織環境の均衡に依拠する。

組織の有効性を捉える場合には，組織環境は本質的には常に変化するので，その変化についての認識は，組織をいかにうまく管理していくかと同様にきわめて重要な要因である。そこでいま，「経営とは組織の管理なり」という観点に立てば，「経営とは組織環境を把握すること」から出発するものであり，組織環境の変化は，基本的には以下の三つの態様において現れる。

第一は，組織状況の如何とは無関係な形で純粋に組織環境そのものが変化する場合である。たとえば，経営や事業活動が従来と全く同じ分野・製品・サービス・スタッフ・方法によって「十年一日」にやっているにもかかわらず，次第にビジネスがうまく立ち行かなく「じり貧」になっていく場合もあれば，「伝統工芸品」や「老舗の味」などのように，「十年一日」ならぬ「百年一日」であってもうまくいく場合も少なくない。

第二は，組織環境自体というよりもむしろ組織が変化することによって組織環境が変化する場合である。この場合にはさらに，組織のめざす目的や目標，

戦略，方針，手段，方向，方法，あるいは構成員である個人やその資質が変容したことによって，それまでは組織環境であったものが組織環境ではなくなる場合と，逆にそれまでは組織環境の範疇にはなかったものが新たに組織環境の範疇に入る場合に区分される。

　第三は，組織と組織環境の双方が変化する場合である。組織環境の変化の大半はこのケースが多い。たとえ「伝統の味」と銘打っている場合であっても，創業当時のままであるというような例は正に異例中の異例であり，時代や人々の嗜好や好みの変容，あるいは素材・原材料の入手度合や工法の変更によって微妙に変化させ，新しい時代の要請に合致した新たな製品やサービスの創出を試みている。

　したがって，たとえば「状況が悪い」「環境が悪い」といった捉え方とは異なり，環境は決して組織にとって所与のものではない。「戦略は組織に従う」のではなく「組織は戦略に従う[12]」というチャンドラー（Alfred D. Chandler）の見解と比べてみると，言葉上は逆に，「組織は環境に従う」のではなく「環境は組織に従う」「組織が環境を創造する」のである。

　ビジネスチャンスは，本質的にはいかなる企業組織にとっても好不況のいずれかにかかわらず常に到来する。要は，その時々の組織を取り巻く環境をどのように捉えるかに依拠する。換言すれば，組織は供出した製品やサービスを販売するのではなく，むしろ購入を希求される製品やサービスを供出すること，実際に製品やサービスを供出する前に，その製品やサービスを受容し，歓迎し，希求する環境を創出することが重要である。ともあれ，組織の管理である経営と組織環境は密接不可分な関係にある。

第2節　経営決定システムの本質

　情報思考の展開という観点からみた「情報」は，意思決定との関係において初めて捉えられる。情報と意思決定の関係についての基本的な原理として，マクドノウは，図表28「情報形成」において人間の心での情報形成から決定（意

図表28　情報形成

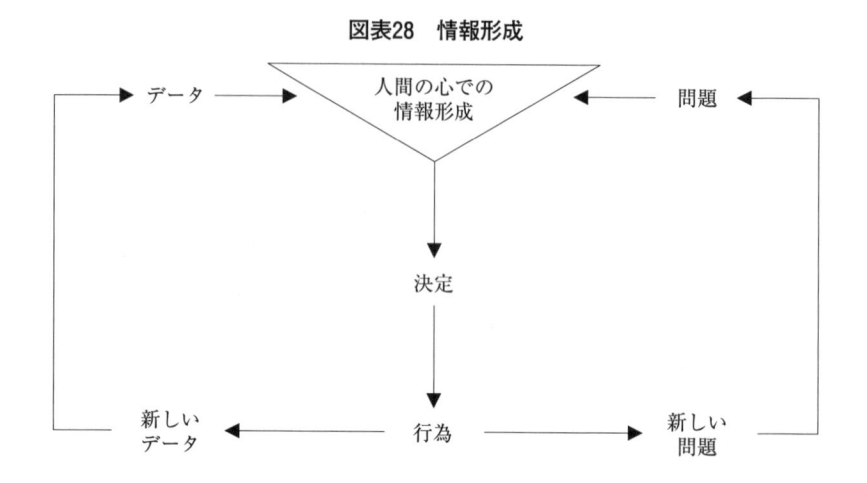

```
         データ  →  人間の心での  ←  問題
                    情報形成
                      ↓
                      決定
                      ↓
   新しい  ←         行為         →  新しい
   データ                             問題
```

思決定），行為（行動）に至るプロセスを示しているが[13]，以下では経営意思決定の本質について幾つかの典型的な見解を見てみよう。

1．問題解決の方法

　意思決定（decision making）とは，ひとことで言えば何らかの「問題」についての意思を決定することである。そして，「意思決定とは問題解決なり」「問題とは現状と理想のギャップなり」「問題解決とは現状と理想のギャップを埋めることなり」と認識され，問題解決の方法は，究極的には以下の三つの方法のいずれか一つに依拠する。図表29「問題と問題解決」は，こうした問題と問題解決の方法を一つの図にまとめて示したものである。

　第一は，現状を理想に接近させる形で問題を解決していく方法である。これは，いわゆる帰納的方法に近く，まずすでに存在し置かれている現状をそのまま認めて，そこを出発点として現状を調査し分析し改善するという形で，上方向への継続的な改善を重ねていくことによって限りなく理想に近づけていく方法である。

　第二は，理想を現状に接近させる形で問題を解決していく方法である。これは，いわゆる演繹的方法に近く，すでに存在し置かれている現状には眼もくれ

第5章　ＩＴによる経営変革　75

図表29　問題と問題解決

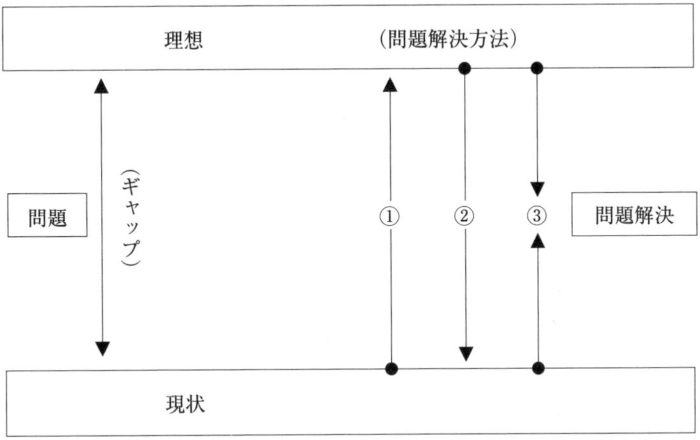

```
┌─────────────────────────────────────────────┐
│    理想            （問題解決方法）              │
└─────────────────────────────────────────────┘
     ↕         ↑      ●       ↓
            　 │       │       │
┌──┐  （ギ     │       │       │   ┌──────┐
│問題│  ャ     │       │       │   │問題解決│
└──┘  プ     ①      ②      ③   └──────┘
      ）     │       │       │
            　↓       │       │
     ↕              ●       │
┌─────────────────────────────────────────────┐
│    現状                                      │
└─────────────────────────────────────────────┘
```

ないで，まずこのように在りたい，このように在るべきという理想を描いて，そこを出発点としてそれを実現するための制約条件を入れながら，必要な方策を指向する形で，下方向への継続的な試行を繰り返していくことによって限りなく理想を実現していく方法である。

　第三は，現状と理想を相互に接近させる形で問題を解決していく方法である。これは，両者の中間的な方法で，理想でも現状でもない創造的な発想を出発点として考えていく総合的方法ないしは創造的方法に近く，上述した第一と第二の方法の併用によって，上方向ないしは下方向への継続的な改善ないしは試行を繰り返していくことによって，限りなく現状と理想の両者の均衡を図っていく方法である。

２．問題の次元

　「問題とは現状と理想のギャップなり」と認識される「問題」の次元は，以下の如き三つのレベルにおいて捉えることができる。図表30「問題の次元」は，こうした問題に関する三つのレベルを一つの図にまとめて示したものである。

図表30　問題の次元

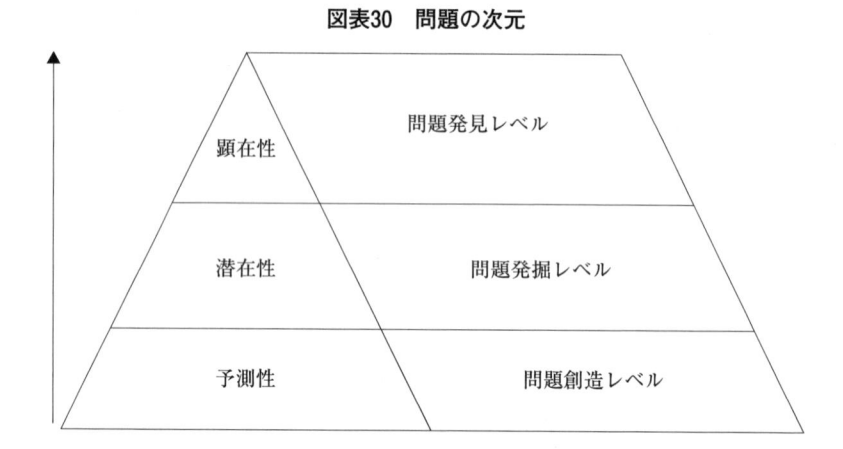

```
        顕在性  │  問題発見レベル
        ─────┼─────────
        潜在性  │  問題発掘レベル
        ─────┼─────────
        予測性  │  問題創造レベル
```

(1)　顕在的問題

　第一は顕在的問題，すなわち「問題発見」のレベルであり，最も発見しやすい状態の問題である。私達が一般に問題と呼んでいる問題であり，たとえば火災や地震や事故といった不具合や症状が明らかに現実に発生している問題である。当然，大多数の人間によって現状復帰が求められ，何をさておいても最優先の問題解決が希求されており，現実にほとんどすべての人間が問題として認識している問題のレベルである。

(2)　潜在的問題

　第二は潜在的問題，すなわち「問題発掘」のレベルであり，やや発見しにくい状態の問題である。まだ現実に目に見える形で現出しているわけではなく，あるいはその僅かな兆候しか現れていないために，私達のすべてが必ずしも問題として認識しているわけではないが，時間経過によっていつかは必ず不具合や症状が発生することが明白な問題である。現実には必ずしも大多数の人が問題と認識していない問題のレベルである。

(3)　予測的問題

　第三は予測的問題，すなわち「問題創造」のレベルであり，非常に発見しにくい状態の問題である。現実にはまだ目に見える形で現出しているわけでもな

く，またその僅かな兆候さえ現れていないために，特定の専門家を除いては全く問題として認識しているわけではないが，時間経過によっていつかは不具合や症状が発生することが予測される問題である。現実にはきわめて少数の人間しか問題と認識してはいない問題のレベルである。

3．意思決定の主体

意思決定とは，ひとことで言えば文字通り何事かを決定することであり，構造的には誰が，なにを，どのようにして決定するのか，換言すれば決定主体，決定対象，決定過程という枠組みにおいて捉えることができる。意思決定は，あらゆる個人・組織・社会の共通現象であるが，いま決定主体のいかんによれば，以下の三つに大別される。図表31「意思決定主体からみた意思決定の類型」は，意思決定の三つの主体を一つの図にまとめて示したものである。

(1) 個人的決定

第一は個人的決定であり，意思決定の決定主体が「個人」であり，その決定内容が「個人的な事柄」である。意思決定の主体は最も明確であり，意思決定の結果として獲得される恩恵や影響は最も狭い範囲に留まり，最も明確かつ直接的である。

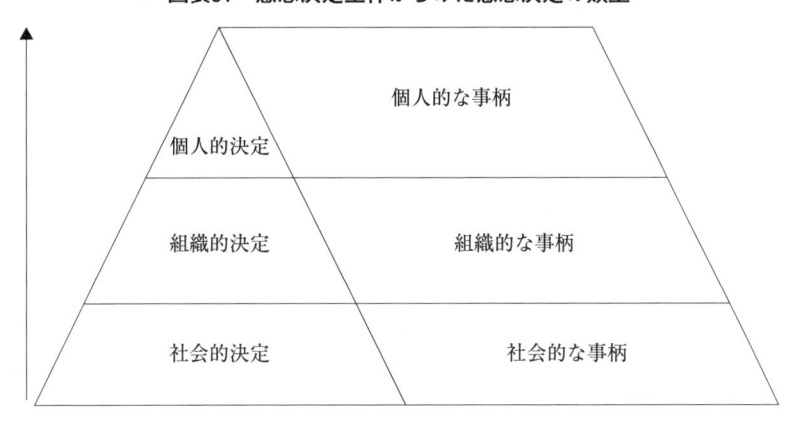

図表31　意思決定主体からみた意思決定の類型

個人的決定	個人的な事柄
組織的決定	組織的な事柄
社会的決定	社会的な事柄

(2) 組織的決定

第二は組織的決定であり，意思決定の決定主体が「組織」，厳密には組織的な役割を有する個人や機関であり，その決定内容が「組織的な事柄」である。意思決定の主体は普通明確であるが，不明確な場合もあり，意思決定の結果として獲得される恩恵や影響が広範囲に及ぶことも多く，比較的明確かつ直接的である。

(3) 社会的決定

第三は社会的決定であり，意思決定の決定主体が「社会」，厳密には社会的な役割を有する機関や個人であり，その決定内容が「社会的な事柄」である。意思決定の主体は不明確なことが多く，意思決定の結果として獲得される恩恵や影響が最も広範囲に及ぶことが多く，不明確かつ多くの場合間接的である。

以上のいずれの決定においても，決定内容にかかわる情報が不可欠であり，合理的な意思決定メカニズムに基づいて意思決定を可能な限り合目的的・理性的・合理的に実施していく必要がある。換言すれば，意思決定の不確実性を少なくするためには，質量の両面における情報の必要性がいっそう増大する。一般的に，個人的決定から組織的決定，社会的決定に移行するにつれて，必要な情報要件も漸次複雑性が増大していく。

4．意思決定のプロセス

サイモン（Herbert A. Simon）によれば，意思決定のプロセスは次の四つの過程から構成される[14]。第一は情報活動（intelligence activity）で，意思決定が必要となる条件を見きわめるために環境を詮索することである。第二は設計活動（design activity）で，可能な行為の代替案を発見し，開発し，分析することである。第三は選択活動（choice activity）で，利用可能な行為の代替案のうちから，ある特定のものを選択することである。第四は評価活動（review activity）で，過去の選択を再検討することである。

このモデルによれば，概して情報活動は設計活動に先行するが，情報活動は第一の「情報活動」過程においてのみ行なわれるわけではなく，それぞれの過

程において必要不可欠な活動である。四つのプロセスの循環には幾つものフィードバックやフィードフォワードが存在し、実際にはこの順序よりもはるかに複雑な形をとりながら進行する。たとえば、各プロセス自体も一連の意思決定過程を成しており、意思決定の全体プロセスはこうした四つの一連のプロセスが幾重にも連続して成立しているものとされる。図表32「意思決定のプロセス」は、こうしたサイモンによる意思決定のプロセスを独自に一つの図にまとめて示したものである。

　なお、こうした設問・設計・選択・評価という一連の四つの「意思決定メカニズム」は、必ずしも個々の項目には対応しないが、意思決定内容・必要情報・選択内容・判定基準という四つの要因として捉えることができる。ここで、意思決定内容とは実施する意思決定は具体的にどのような内容と範囲にかかわるかであり、必要情報とはそうした当該の意思決定を実施するために必要な情報が具体的に明確になっているか否かであり、選択内容とは意思決定を実施する場合の具体的な選択肢（代替案）が明確になっているか否かであり、判定基

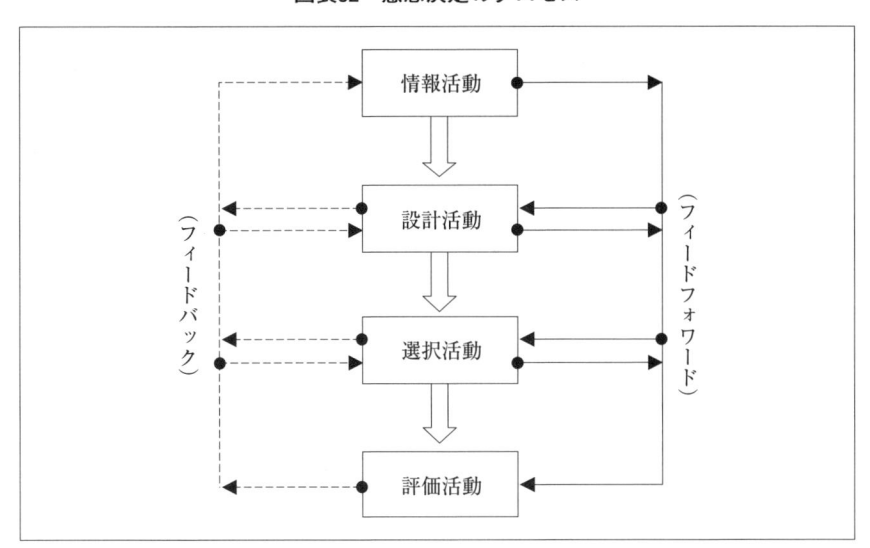

図表32　意思決定のプロセス

```
          ┌──────────┐
     ┌───→│  情報活動  │───┐
     │    └──────────┘    │
     │         ↓          │
（   │    ┌──────────┐    │  （
 フ  │←──│  設計活動  │──→│   フ
 ィ  │    └──────────┘    │   ィ
 ー  │         ↓          │   ー
 ド  │    ┌──────────┐    │   ド
 バ  │←──│  選択活動  │──→│   フ
 ッ  │    └──────────┘    │   ォ
 ク  │         ↓          │   ワ
 ）  │    ┌──────────┐    │   ー
     └───│  評価活動  │───┘   ド
          └──────────┘        ）
```

準とはそれぞれの具体的な選択肢の長短が明確になっており，どのような情報内容であればどのような選択（意思決定）をするかが明確になっているか否かである。

5．意思決定のタイプ

サイモンは，意思決定のタイプを次の二つに大別しているが[15]，両者は連続した全体を成している。第一は定型的決定（programmed decision）であり，これは決定を行なうための明確な手続きが決められていて，決定を行なう必要が生じた都度改めて処理する必要がないような，反復的でルーチンな決定である。第二は非定型的決定（non programmed decision）であり，これは新しく，構造化されていない，重要な決定である。

ゴリー（G. Anthony Gorry）とモートン（Michael S. Scott Morton）は，サイモンの定型的，非定型的という用語の代わりに構造的，非構造的という用語を用いるとともに，その中間に半構造的という区分を設けて，意思決定のプロセスとの関連において意思決定を次の三つに大別している[16]。

第一は構造的決定（structured decision）であり，意思決定過程のすべてのプロセスが構造化されている決定である。第二は半構造的決定（semi-structured

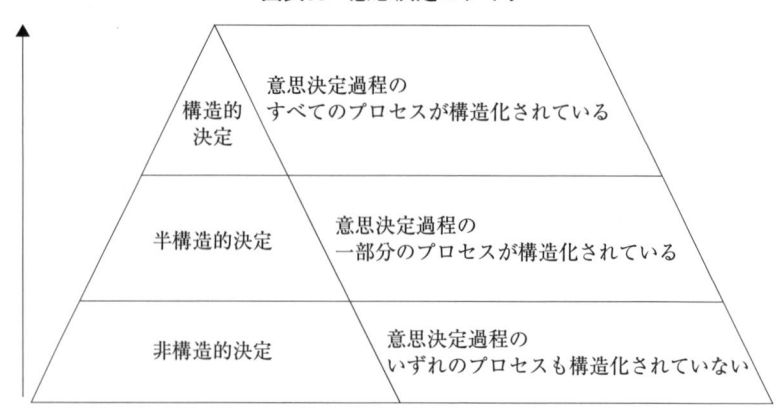

図表33　意思決定のタイプ

構造的決定	意思決定過程のすべてのプロセスが構造化されている
半構造的決定	意思決定過程の一部分のプロセスが構造化されている
非構造的決定	意思決定過程のいずれのプロセスも構造化されていない

decision) であり、意思決定過程の一部分のプロセスしか構造化されていない決定である。第三は非構造的決定 (non-structured decision) であり、意思決定過程のいずれのプロセスも構造化されていない決定である。そしていま、意思決定メカニズムという観点からみると、構造的決定は意思決定メカニズムのすべてが明確になっている場合であり、半構造的決定は意思決定メカニズムの一部が明確になっている場合であり、非構造的決定は意思決定メカニズムがほとんどすべて明確になっていない場合である。図表33「意思決定のタイプ」は、こうしたゴリーとモートンによる意思決定のタイプを独自に一つの図にまとめて示したものである。

6．意思決定のレベル

意思決定のレベルは、意思決定のタイプを経営階層のレベルと対応させたものであり、アンゾフ (H. Igor Ansoff) は意思決定を次の三つに区分している[17]。図表34「経営意思決定の具体例示（決定レベルと決定タイプからみた）」は、アンゾフによる決定レベルとゴリー＆モートンによる決定タイプから捉えた経営意思決定の具体例示を独自に一つの図にまとめて示したものである。

第一は戦略的決定 (strategic decision) であり、主として企業の内部的な問題よりもむしろ外部的な問題に関係するもので、特に企業が生産する製品系列と販売する市場との選択に関する決定である。

図表34　経営意思決定の具体例示（決定レベルと決定タイプからみた）

戦略的決定	立地決定（工場・倉庫）	製品・市場戦略決定 長期経営計画決定
管理的決定	新入社員配置部署決定 販売計画決定	マーケティング予算決定 価格決定
業務的決定	受注処理（上の諸決定） 在庫管理（発注点・発注量決定）	媒体別広告予算決定
決定タイプ＼決定レベル	構造的決定	非構造的決定

第二は管理的決定（administrative decision）であり，最高の業績をあげるように企業の資源を構造化することに関する決定である。

第三は業務的決定（operating decision）であり，通常その企業の活動力と関心の大部分に影響を与えるもので，その目的は企業の資源転化プロセスにおける能率を最大にすること，換言すれば現行業務の収益性を最大にすることに関する決定である。

ここで，サイモンのように「"意思決定"という用語を"経営する"という用語と同義語に用いた方が便利である[18]」という見解にしたがえば，経営意思決定とマネジメントプロセスとは全く同一の事柄に関する異なる側面であるに過ぎないので，これも意思決定に関する区分であると見て良い。

第3節　経営決定システムの情報化

経営過程からみた経営システムにおける情報システムと決定システム，実行システムとの相互関係は，ある意味では用法によって異なるものと解釈することもできる。しかし，単なる概念規定上ないしは分析視点上の相違に留まらないでむしろ，組織における情報技術の著しい革新にともなって，実質的に大きく変容してきている。いま，情報システムと決定システム，実行システムとの相互関係の変容という観点からみると，経営システムの情報化は今日までに，以下の六つの変容段階を経てきている。

1．情報システムの内包段階

第一段階は情報システムの内包段階，すなわち非分離段階である。産業社会の到来からコンピュータの導入まで長年とられてきた段階であり，情報システムが決定システムや実行システムの中に不可分な形で内包されており，決定システムや実行システムと分離されていない状態である。コンピュータ導入以前の手作業による情報処理の場合にみられ，わが国では大抵の組織は1960年代後半まではこの段階に留まっていた。

しかし，それ以降は坂本賢三による「かつて，情報の生産と伝達は労働力の一部であって，人間と切り離すことが出来なかったが，いまや情報の生産は人間の手を離れて行われるようになりつつあり，伝達もそうである[19]」といった指摘の如く，特にコンピュータの発展によって大きな影響を受けることになった。

2．情報変換の分離独立段階

　第二段階は情報変換の分離独立段階である。情報システムにおける情報変換プロセスが決定システムや実行システムから次第に分離して，いわゆる「情報処理の集約化」に至る。コンピュータの開発・導入によって，きわめて限定的ではあるが，有史以来常に生物としての人間自体と不可分な状態にあった情報処理機能のうちの情報変換機能が，全く初めて人間自体から分離することが可能となった。コンピュータ以前のPCSの時代にも当てはまるが，典型的にはコンピュータの導入によって初めてみられ，わが国では一部の組織は1960年代後半からこの段階に至っている。

3．情報蓄積の分離独立段階

　第三段階は情報蓄積の分離独立段階である。情報システムにおける情報蓄積プロセスが決定システムや実行システムから次第に分離するとともに，情報変換プロセスと結合して，「情報処理の一元化」に至る。ここにおいて，情報処理システムを構成して，一つの独立した個有の位置を占めるに至る。データベースの導入によって初めて典型的にみられ，一部の組織は1970年代前半から部分的にはこの段階に至っているが，経営組織全体としてのデータベース化は努めて情報ネットワーク化と表裏一体的な関係にあるので，本格的な発展・普及は次の情報伝達の分離の段階を待つことになる。

4．情報伝達の分離独立段階

　第四段階は情報伝達の分離独立段階である。情報システムにおける情報伝達

プロセスが決定システムや実行システムから次第に分離するとともに，情報処理システムと結合して，「情報処理の同時化」に至る。ここで，情報変換，情報蓄積，情報伝達の三つのプロセスは一緒にまとまって情報システムを構成して，一つの独立した個有の位置を占めるに至る。データ通信の導入によって，一部の組織は1980年代初頭から部分的にはこの段階に至っている。このように，ＩＴの著しい発展にともなって，従来非分離の状態にあった情報システムは，決定システムや実行システムから次第に明白に分離・独立化する。

5．情報システムの拡充段階

第五段階は情報システムの拡充段階である。従来は決定システムや実行システムにおいて遂行・処理されていた業務内容自体が大幅に機械化・電子化・自動化され，こうした機能が情報処理機能の中に採り入れられて，一種の情報システム化が図られてくる結果，情報システムの拡充に至る。

各種ＯＡ機器やロボットなどの急速な発展によって，決定システムや実行システムそのものが自動化され一種の情報システム化されてくるにともなって，情報システムは量的にはいっそう拡張・拡大化するが，決定システムと実行システムの役割は，その量的減少に対比して逆に質的にはいっそう増大する。パソコンの飛躍的な進化と広範な普及による情報ネットワーク化が図られた1990年代後半には，すでに大半の企業がこの段階に達しているが，インターネットの進化による今日のＩＴ時代における挑戦課題となっている。

経営システムの情報化は意思決定と情報処理を分離し，実行行動と情報処理を分離する方向へと向かうが，決して無関係になるわけではなくてむしろ，ともに独立性を有した上で相互に有機的な結合を図る必要がある。換言すれば，システム的観点からすると，決定システム，情報システム，実行システムは相互に密接に結合して，ともに経営システムというスーパーシステムを形成する。

6．情報システムの分離段階

第六段階は情報システムの分離段階である。21世紀の本格的なＩＴ時代を迎

えた今日も，こうした情報システム・決定システム・実行システムの相互関係における変容は続いている。新しい段階は，たとえばデータセンターの興隆といった形で鮮明になってきているが，多数の企業組織がいずれ完全にこの段階に移行するかどうかは不明確である。

　第五段階までは一つの組織内部における変容図式であり，組織内部における情報機能と他の機能間における変容に焦点が置かれていたが，第六段階では，情報機能というよりは情報システム機能に焦点が置かれ，異なる組織間における枠組みにおいて捉える。この段階は，情報システムの観点からみれば情報システム機能の拡充になるが，一方組織の観点からみれば情報システム機能の組織外部への業務委託，いわゆるアウトソーシング化の方向であり，組織規模的にみれば情報システム部門の縮小化である。

　コンピュータ導入以降の足かけ半世紀間に渡る情報システムの発展は，情報システム機能のアウトソーシングの拡大化であった。いまや死語となった感のある「受託計算」や「計算センター」，「委託開発」や「外部委託」なども，今日的な意味とは多少異なるが，正にアウトソーシングそのものである。インターネットの時代になると，こうした旧来型のアウトソーシングの必要性が大きく減少し，代わりにホームページの作成・管理，データベースの管理，電子メールやネットワークの管理といった，コンテンツにかかわるアウトソーシングが企業経営上の重要な課題となる。

　さらに，近年の情報システムを取り巻く最も著しい特徴としては，旧来の情報システムをほとんど丸ごと全面的に外部の超有力ＩＴ企業にアウトソーシングして，自らはコアビジネスに経営資源を特化するといった選択を図る企業も出現している。とりわけ，昨今のシンクライアントコンピュータ化とクラウドコンピューティング化は，こうした情報システムの分離独立を目に見える具体的な形で促進している。

　以上，経営過程から経営システムの情報化を段階的にみてきたが，一般的な段階を識別したものであり，あらゆる組織においてこうした六つの変容段階が普遍的にみられるわけではない。ＩＴの導入形態によっては，幾つかの変容段

階がほとんど同時的に生じる状況もみられる。図表35「情報システムと決定システム，実行システムの関係変容」は，経営システムを形成するサブシステム相互間における変容を独自に一つの図にまとめて示したものである。

図表35　情報システムと決定システム，実行システムの関係変容

変容段階		変容状況			技術革新	時期
1	情報システムの内包	決定システム		実行システム	—	1950年代
2	情報システムの独立化 / 情報変換の分離	決定システム	情報システム	実行システム	コンピュータ	1960年代
3	情報蓄積の分離	決定システム	情報システム	実行システム	データベース	1970年代
4	情報伝達の分離	決定システム	情報システム	実行システム	データ通信	1980年代
5	情報システムの拡充	決定システム	情報システム	実行システム	ＯＡ，ＦＡ	1990年代
6	情報システムの分離	決定システム	情報システム	実行システム	インターネット	21世紀

第6章 経営業務へのIT活用

Morikawa World Plus 1

第1節 コミュニケーションのネット化

　ここでは，情報ネットワーク化の進展によって個人・組織・社会におけるコミュニケーションがどのように変容して来たのか，今後どのように変貌を遂げていくのかについて考えてみよう。特に，ＩＣＴ化による情報処理過程へのコンピュータの適用に起因する，リアルコミュニケーションとネットコミュニケーションという観点から，コミュニケーション変革のパラドックスを指摘しておきたい。

1．コミュニケーションのツール

　第一は，コミュニケーションツールの進化にかかわるパラドックスである。人間は言葉を発明し，文字を考案し，印刷術を開発し，電話・ラジオ・テレビを発明し，21世紀にはインターネットの大普及に至っている。私達人類は，何万年，否何十万年というフェイスツーフェイスコミュニケーションの時代から，多種多様なツールを考案し，以前には何世代も経過してやっと獲得した事柄に対して，きわめて短期間に，大半の人間がそれらをうまく利活用するようになってきた。

　すなわち，コミュニケーションツールの出現は，原始時代におけるのろしやのぼり旗，笛や太鼓などの原始的なツールに始まり，手紙やはがき，電話や電報，ラジオやテレビなどの近代的なコミュニケーションツールの時代を経て，

携帯電話や携帯情報端末（Personal Digital Assistant：PDA），電子メールやケータイメール，ホームページ（Home Page：HP）やブログ，ツイッター（Twitter）やSNS（Social Networking Service），さらには高機能携帯電話（スマートフォン：smartphone）や多機能携帯端末（タブレット端末）などの現代的なツールに至っている。

近代的なコミュニケーションツールとしては，1871年のわが国における郵便制度の創設，1876年のベル（Alexander Graham Bell）による電話の発明に端を発する，1890年の東京・横浜間におけるわが国初の電話サービスの開始，さらに1925年のわが国最初のラジオ放送の開始，1953年のわが国初のテレビ放送の開始を通して，今日の携帯電話時代とインターネット通信時代を迎えている。このように，私達人間はここ百年間も留まることなく多種多様なツールを考案してきたが，人間相互間における真のコミュニケーションにはますます遠くなってきているように感じられることも少なくない。

誠に悲壮なことに，コミュニケーションツールは革命的ともいえる進化を遂げてきているにもかかわらず，たとえば2001年の米国における「9.11テロ」の発生などに遭遇すると，いずれに非があるかと深慮する前に正真正銘の人間同士間において，全くコミュニケーションが成立不能な状況が現出してきていることに危惧の念を強く抱くものである。

私達人間はいつの時代においても，他者との間のコミュニケーションを如何にうまくすればよいかと悩み，個人的・組織的・社会的にそれぞれ相応の改善を考案し，実施してきたにもかかわらず，現代社会においては，以前にはほとんどすべての人間が普通にコミュニケーションを取ることができたようなコミュニケーションでさえ，たとえば実際に隣人間，同僚間，上司と部下相互間はもとより，教師と学生間，夫婦や親子間でさえ真にコミュニケートすることがますます困難になってきている。

2．コミュニケーションの価値

第二は，コミュニケーションの価値にかかわるパラドックスである。第二次

大戦以降，20世紀後半のわずかこの半世紀の間に，アメリカはもちろんのこと先進諸国においては，コミュニケーションツールの変容にともなって次第に，そのコミュニケーションの態様がフェイスツーフェイスコミュニケーション (face to face communication) による「口頭で失礼します」から，「手紙で失礼します」や「電話で失礼します」の時代を経て，今日では大半が「メールで失礼します」に移行しつつある。

　今日ではわが国のビジネス社会も，米国から十年遅れで暗黙裡に大きく変貌しつつある。たとえば多くの企業では，1980年代の「わざわざこんなご要件でご来社頂くことはありません，ご用件はお手紙でお願いします」から，1990年代の「わざわざこんなご要件でお手紙を頂くことはありません，ご用件はお電話でお願いします」を越えて，21世紀を迎えると「わざわざこんなご要件でお電話を頂くことはありません，ご用件はメールでご連絡願います」というように，大きく様変わりしつつある。

　そしてすでに，一部の先進企業においては，「わざわざこんなご要件でメールを頂くことはありません，ご用件は当社のホームページでご確認願います」という，電話をかけることなどは言うまでもなくメールを出すことさえも憚られる時代になってきている。現代社会においては，こうした，ひと昔前までは想像さえもできなかったような態様が，必ずしも特異な状況ではなくなってきているのである。

　現代社会のさまざまな部門・分野・領域におけるコンピュータ化からコンピュータネットワーク化，情報化から情報ネットワーク化の進展にともなって，個人的・組織的・社会的なコミュニケーションの態様も次第にリアルコミュニケーションからネットコミュニケーションの方向へと重心移動を加速してきている。

　しかし，その反面，少なくとも個人的な事柄に関しては，本当に重要なことは決してネットコミュニケーションによってではなく，いずれは従来以上にますますフェイスツーフェイスコミュニケーションが重要視される傾向が確実に強くなることであろう。それは，根本的には，「すでに情報となったものは最

早情報ではない」「最新最高の情報は常に人間の心の中に存在する」という情報の基本原理によるからである。

3．コミュニケーションの態様

　第三は，コミュニケーションの態様にかかわるパラドックスである。私達人間のコミュニケーションは，洋の東西を問わず，かつてのきわめて人間的な，今から振り返えると牧歌的とも言える「体面コミュニケーション」や「顔面コミュニケーション」による「対面コミュニケーション」の時代から，「文面コミュニケーション」や「声面コミュニケーション」，「字面コミュニケーション」の時代を経て，インターネットによる「画面コミュニケーション」の時代へと移行しつつある。

　そして，かつては人間同士が直接会うという様相は，個人的にも組織的にも何でもないごく普通の全く日常的な光景であったが，いずれ近い将来，ごく普通のビジネスマンやオフィスワーカーが普通のビジネスにおいて，文字通り「本日は，直接お会いすることが出来て誠に光栄です，本当に感激です」と真顔で語るような「奇妙な」時代が到来することになるのであろう。

　それは取りも直さず，IT化，ICT化の進展にともなって，インターネットではなく直接人間に会うこと，すなわち「生身の」人間同士が直接会うフェイスツーフェイスコミュニケーションが最も困難な時代になるのである。換言すれば，真に人間自体に価値を見出す，正に「人間の時代」の到来を意味する。

　こうした事態は全く悲壮なことに，1837年のモース（S. F. B. Morse）によるモールス電信機の発明に端を発した電気通信革命から電子通信革命，情報通信革命に対して精魂を傾けた，この二世紀近くに渡って多くの情報ネットワーク技術者や研究者が傾注した熱き想いとは，主客が逆転するという意図せざる結果をもたらすことになる。

　たとえば，現代の携帯電話や携帯メール，インターネットによる電子メールやホームページは，元来は人間と人間がもっと直接会って相互に親密になることを意図して開発されたコミュニケーションツールであるが，誠に皮肉なこと

に携帯電話の普及が人間相互の真なるコミュニケーションの成立を妨げているような様相を呈している観もある。

　こうした変容は、第一義的には情報化から高度情報化、情報ネットワーク化から高度情報ネットワーク化の進展に依拠する。しかし根本的には、私達一人ひとりの活動範囲が地球的規模にまで拡大し、私達を取り巻くビジネスや社会環境が比類なきほどに複雑さを増大してきているにもかかわらず、私達人間はすべて例外なく、一時間は60分、一日は24時間、一週間は7日、一ヶ月は30日、一年は365日、一生はどんなに永くとも120年であるという、紛れもない正真正銘の「実時間」の中で生息し、生活し、活動し、生存を許されているという厳粛な事実に依拠している。

　そして、現時点においては依然として、いかにITやICTがめざましい発展を遂げ、いかに想像を逞しくしたとしても、私達生身の一人ひとりの人間は、考えうる限りこうした「現実世界」を飛び越えて「仮想世界」に、「リアル世界」を飛び越えて「バーチャル世界」において生息するようなことはない、という厳然たる事実が存在する。

第2節　オフィスのバーチャル化

1．オフィスの情報空間と情報機能

　ここでは、コミュニケーションのネット化によって可能になった、オフィスのバーチャル化について考えてみよう。オフィスは旧来、「オフィスは何処に存在しており、何をしているのか」、すなわちオフィスの位置する場所（空間）と遂行する役割（機能）という二つの視点から捉えられる。そこでいま、情報的視点から捉えると、前者のオフィス空間は情報処理空間であり、後者のオフィス機能は情報処理機能である。

　インターネットによる情報ネットワーク化の進展以前には、オフィスといえば暗黙のうちに、たとえば机や電話や書類が置かれている組織内の特定の具体的な場所のことを想定しており、そうした場所と役割の両者は元来不可分なも

のであったが，ICT化の進展にともなって，次第に場所と役割を分離することが可能となってきた。すなわち，従来は「オフィス」と呼ばれる特定の情報処理空間においてのみ遂行されていたオフィス業務の情報処理機能が，コミュニケーションのネット化によって，「いつでも，どこでも，だれでも」遂行することが可能となってきた。

　従来のリアルオフィスだけの時代から，新たにバーチャルオフィスが出現してきたのである。しかし，実際に「リアルオフィス」という名称で呼ばれるオフィスが存在しているわけではなく，それは，私達の周りに目に見える具体的な形で存在する実際のオフィスであり，この空間的・時間的・物理的な現実空間・実在空間・実存空間の中に存在するオフィスということであり，その対極に位置するのが「バーチャルオフィス」である。

　そういう意味では，従来からのオフィスはすべて例外なくリアルオフィスであったが，近年における情報通信ネットワーク化の著しい進展にともなって，そうしたネットワークを使用して，否それに全面的に依存する形でオフィス業務を遂行するということが多くなり，オフィスを機能的にみると，あたかも情報ネットワークの中に「新しいオフィス」が出現したかの如き様相を呈してきた。

　こうした状況は実際の仕事上，とりわけ肉体的労働よりも知識的労働に従事する人達や，国内的業務よりも国際的業務に従事する人達，単独で実施するパーソナルワーク（個別作業）ではなく共同で実施するコラボレーションワーク（協働作業）において，また異分野や異領域，さらに広範な地域間における協働作業において，より有用となる。

2．リアルオフィスとバーチャルオフィス

　旧来はいかなるオフィス業務もすべて，たとえば朝9時から夕方5時まで，いわゆる「オフィス」に在席して特定の時間と空間において遂行されていたが，新しいオフィスにおけるオフィス業務は，時間と空間に依存することなく，正に「いつでも，どこでも，だれでも」オフィス業務を遂行することが出来るよ

うになり，こうしたオフィスはいつしか「バーチャルオフィス」と呼称されるようになった。

　わが国では，特に1960年代末以降からオイルショックを経て東京一極集中化が顕著な様相を呈してきたために，1980年代初頭以降から都心部における余りの過密と，その後の地価高騰にともなうオフィスコストの高騰に対処するために，こうしたリアルオフィスを大幅に新宿・渋谷・池袋などの副都心に移転・展開し，さらに郊外や地方へ拡散・移転することが計画されて，その一部は順次実施に移された。しかし，1990年代初頭におけるバブル崩壊による大幅な地価下落によって，いわゆる「失われた十年」を経た21世紀に入る頃になると，再び猛烈な勢いで東京都心，しかも新宿・渋谷・池袋などの「副都心」をも飛び越える形で「超都心」への回帰をめざすことになった。

　近年の丸の内，大手町，日本橋，六本木，汐留，品川といった千代田区・中央区・港区の，いわゆる超都心3区における超高層・超大規模・超高機能・超快適ビルの建設ラッシュにみられるように，センターオフィスへの超集中化によってリアルオフィスの拡大が進行し，否バーチャルオフィスの拡大を図ると必然的にリアルオフィスの拡充を図る必要性が増大し，その有効性と能率を向上させなければならなくなった。

　こうしたオフィスの都心回帰にともなうオフィス革新とともに，ＩＣＴ化の進展による通信コストの大幅削減とも相俟って，カスタマーセンターやテクニカルサポートセンターといった，コールセンターの地方移転も加速されており，何よりもブロードバンド化や無線ＬＡＮなどの進展によって，超都心に位置するリアルオフィスにおけるコミュニケーションのネット化によって，オフィスのバーチャル化は大きく前進してきている。

3．バーチャルオフィスの展開

　バーチャルオフィスは，仮想オフィスとも呼ばれ，リアルオフィスの対極に位置するオフィスであり，現実空間ではなく仮想空間の中にしか存在していない，「オフィスなきオフィス」「オフィスレスオフィス」である。バーチャルオ

フィスの概念は，実態的にはサテライトオフィスやテレワークセンター，テレワークやモバイルワーク，在宅勤務の延長線上にある概念として出現してきたが，理論的にはむしろバーチャルオフィスという概念に支えられる形で，さまざまなオフィスや勤務形態が実現しているものと理解される。

リアルオフィスは，ある一定の時間と空間の中にしか存在しないために，たとえどのように緻密な工夫を凝らそうとも，自ずと時間と空間，物理的な情報媒体に制約されている。これに対して，バーチャルオフィスは，情報通信技術のめざましい発達によって創出された情報通信ネットワークにより結合された中で構築される仮想空間上のオフィスであるために，工夫によっては特定の時間と空間に制約されることは少なく，またすべて電子的な情報媒体を使用していることが最も大きな特徴である。

ともあれ，従来の企業活動には何らかの物理的なオフィスを使用していることが暗黙の前提であったが，バーチャルコーポレーションやバーチャルカンパニーにおけるオフィスは，ネットワーク上に仮想として存在しており，リアルなオフィスに対比する位置づけとしてバーチャルなオフィスがあるものと理解される。

従来プロジェクトの発足は必ず物理的なリアルオフィスの形成をともなっていたが，将来インターネットによって仮想的なバーチャルオフィスに集合すれば良いことになれば，日常生活圏によって大きく制約されていた人材確保も相当柔軟になり，また物理的移動を最小限に留めることが出来るために時間的，コスト的に効率良くプロジェクトを推進することが期待される。

バーチャルオフィスは，ネットワークへの接続によって存在し，ネットワークへの接続可能な環境が与えられれば場所的な制約を受けないために，いつでも，どこでも，たとえば自宅や図書館，鉄道駅や空港，車中や機中，ホテルのルームやロビー，レストランやカフェでも，仕事をする場所は無数にあり，場所や時間などに制約されることのない柔軟な就業環境を獲得することが出来る。

4．オフィスのリアル化とバーチャル化

　こうした状況下にあっては，多くのオフィスワーカーは必然的に，携帯型のノートパソコンやミニノートパソコンを抱えながら，業務内容に応じて場所を選択しながら仕事を進めるという，遊牧民（nomad，ノマド）的，電子遊牧民（cyber nomad，サイバーノマド）的な形をとることになってきたわけである。したがって必然的に，「仕事場所がオフィスである」「どこにいても仕事をする場所そのものがオフィスである」という考え方に近くなり，「オフィス（office）」よりも「ワークプレイス（work place）」という呼称の方が相応しくなる。

　ともあれ，この現代的な超都心において，狩猟時代にタイムスリップしたかとも見紛われる，「リュックサック」風の荷物を背負っているオフィスワーカーを見かけることが多くなってきているが，こうした現象は一見すると誠に奇妙な光景ではあるが，これもオフィスのバーチャル化の為せる業なのであろう。

　オフィスのバーチャル化について特筆すべきことは，オフィスはますますリアル化する一方において，ますますバーチャル化に磨きをかけてきているという事実である。あらゆるオフィスは，大規模化するとともに超高層化・超集積化・高密度化していくことによって，フェイスツーフェイスなリアルコミュニケーションの促進を図るとともに，テレワークやモバイルワークによってネットコミュニケーションの促進を図る。

　ブロードバンド化とユビキタス化によるＩＣＴ化の進展にともなって，オフィスのバーチャル化はこれから本格的に進展していくが，リアルがすべてネットによって代替されることはなく，すべてのオフィスは，「ネットでも出来ることは徹底的にネット化を図り，リアルでしか出来ないことは徹底的にリアル化を図る」必要がある。

　ともあれ，リアルオフィスとバーチャルオフィスはＩＣＴ化によって，どちらかに移行していくわけではなく，両者は相互補完的な関係をいっそう強めていくことになるのである。図表36「ＩＣＴ化時代のリアルオフィスとバーチャルオフィス」は，ＩＣＴ化によるリアルオフィスとバーチャルオフィスの関連を独自に一つの図にまとめて示したものである。

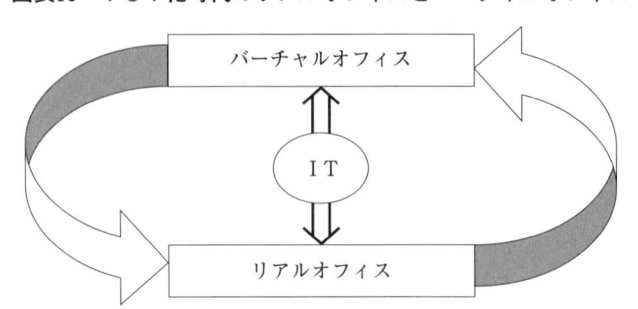

図表36　ＩＣＴ化時代のリアルオフィスとバーチャルオフィス

```
      ┌──────────────────┐
   ┌─→│  バーチャルオフィス  │──┐
   │  └──────────────────┘  │
   │          ↕↕            │
   │        ( I T )          │
   │          ↕↕            │
   │  ┌──────────────────┐  │
   └──│   リアルオフィス    │←─┘
      └──────────────────┘
```

第3節　ビジネスのネットサービス化

1．ネットサービス化の展開

　いかなる企業も，その存続のためには，その組織成果を組織環境としての社会に有効性と能率を保持しながら提供し続けなければならないが，いまそうした企業の組織成果である製品やサービスの提供にかかわるビジネスのネット化について考えてみよう。

　人間は有史以来何千年，何万年間にわたって古今東西を問わず，自らと家族の生活を営むために他者から必要な資材やサービスを入手することに努めてきたが，それは，直接店舗に出向くか，販売者からの直接訪問による，販売者との対面購入・対面販売，販売者への文書注文や電話注文による間接購入・間接販売によって，すべて「リアル」な手段による他はなかった。

　しかし，情報通信ネットワーク化によるネット化の進展によって，特に21世紀のＩＣＴ化時代において，私達は次第に生産者や販売者と直接顔を合わせることもなく，またかつての通信販売やテレビショッピングのように葉書を送り，電話で声を交わすこともなく，電子メールやケータイメールによるインターネットを通した「ネットサービス」という「バーチャル」な手段によって入手することが可能になってきた。

ネットサービス化とは，高度情報ネットワークを通して，個体がその存在維持のために必要な消費活動を任意の位置において遂行することである。あらゆる個体は，個人も組織も例外なく，その存在を維持し発展させていくためには，多種多様な消費活動を遂行する必要がある。

そこでいま，そうした個人を例にとってネットサービスを類型化してみよう。ネットサービスについて，サービス対象とサービス内容から類型化すると，前者は物的サービスか情報サービスか（ネット物流型かネット情流型か），後者はサービスの照会・予約かサービス自体の実施・完結か（ネット予約型かネット完結型か）のそれぞれ二つに区分される。

そしてさらに，ネット物流型にはネット人的サービス，ネット物的サービス，ネット金的サービスの三つを識別することが出来る。以下においてそれらを概観することにしたい。図表37「ネットサービスの類型」はこうした観点から類型化したネットサービスを一つの図で示したものであり，図表38「ネットサービスの具体例示」はさらにネットサービスの具体例示をそれぞれ独自に一つの図にまとめて示したものである。

2．予約型ネットサービス

予約型ネットサービスは，インターネットを利活用して，個人が任意の位置において生活を維持するために必要なサービスが照会や予約という形で入手することができる態様であり，以下の四つに区分することができる。

(1) 人流予約型ネットサービス

第一は，人流予約型ネットサービスであり，サービス対象が人的サービス，サービス内容がサービスの予約という場合である。たとえば，インターネットによる列車座席予約，航空機座席予約，高速バス座席予約，タクシー送迎予約，ホテル宿泊予約，旅行予約，観光名所案内予約，ホームヘルパー予約，ベビーシッター予約，介護サービス予約，求人募集，求職募集，人間ドッグ予約などが含まれる。

図表37　ネットサービスの類型

サービス対策＼サービス内容	サービスの予約・照会 （予約型ネットサービス）	サービスの実施・完結 （完結型ネットサービス）
人的サービス	人流予約型ネットサービス	人流完結型ネットサービス
物的サービス	物流予約型ネットサービス	物流完結型ネットサービス
金的サービス	金流予約型ネットサービス	金流完結型ネットサービス
情報サービス	情流予約型ネットサービス	情流完結型ネットサービス

図表38　ネットサービスの具体例示

サービス対象＼サービス内容	予約型サービス	完結型サービス
人流型サービス	インターネットによる列車座席・航空機座席・高速バス座席・ホテル宿泊・旅行・観光名所案内予約	インターネットによる電気・ガス・水道のテレメータリング
物流型サービス	インターネットによるテニスコート・ドライビングスクール・会議室・レンタカー・賃貸住宅・レストランの予約	ネット調達，ネット購買，ネット販売，ネット物流，在宅配送サービス，ネットショッピング，ネットオークション
金流型サービス	インターネットによる金融商品購入予約サービス，住宅ローン設定申込	インターネットによるクレジットカードの加入・発行・与信・請求・請求確認，ネット証券，自動車保険加入・旅行保険加入・ネット保険，ネット銀行
情流型サービス	インターネットによる図書帯出・雑誌購読・医院診察・医療検査予約，受験申込，講演会参加申込，コンサートチケット予約	Webメール，ホームページ閲覧，ネット検索，ASP・SaaS・データセンター，オンライン新聞・オンライン雑誌，ネット配信・ビデオオンデマンド

(2) 物流予約型ネットサービス

第二は，物流予約型ネットサービスであり，サービス対象が物的サービス，サービス内容がサービスの予約という場合である。たとえば，インターネットによるテニスコート予約，ゴルフコース予約，ドライビングスクール予約，会議室予約，レンタカー予約，レンタル旅行用品予約，レンタルオフィス予約，自動車駐車場予約，賃貸住宅予約，レストラン予約，結婚式場予約，ウエディングドレス予約，イベント会場予約，宴会場予約などが含まれる。

(3) 金流予約型ネットサービス

第三は，金流予約型ネットサービスであり，サービス対象が財的サービス，サービス内容がサービスの予約という場合である。たとえば，インターネットによる金融商品購入予約サービス，住宅ローン設定申込などが含まれる。なお，財流予約型ネットサービスの例示が少ないのは，ネット財流型にはネット完結型が多いからである。

(4) 情流予約型ネットサービス

第四は，情流予約型ネットサービスであり，サービス対象が情報サービス，サービス内容がサービスの予約という場合である。たとえば，インターネットによる図書帯出予約，雑誌購読予約，医院診察予約，医療検査予約，受験申込，面談予約，相談予約，講演会参加申込，ビデオ予約，コンサートチケット予約などが含まれる。

3．完結型ネットサービス

完結型ネットサービスは，インターネットを利活用して，個人が任意の位置において生活を維持するために必要なサービス自体が実施・完結という形で入手することができる態様であり，以下の四つに区分することができる。

(1) 人流完結型ネットサービス

第一は，人流完結型ネットサービスであり，サービス対象が人的サービス，サービス内容がサービス自体の完結という場合である。たとえば，インターネットによる在宅送迎サービス，在宅人材派遣サービス，在宅医療，在宅福祉，

在宅看護，在宅診断，在宅検査，在宅登録，電気・ガス・水道のテレメータリングなどが含まれる。

(2) 物流完結型ネットサービス

第二は，物流完結型ネットサービスであり，サービス対象が物的サービス，サービス内容がサービス自体の完結という場合である。たとえば，ネット調達，ネット購買，ネット販売，ネット物流，在宅配送サービス，在宅集配サービス，ネットショッピング，ネットオークション，ネット逆オークション，ネットスーパー，ネットデパートなどが含まれる。

(3) 金流完結型ネットサービス

第三は，金流完結型ネットサービスであり，サービス対象が財的サービス，サービス内容がサービス自体の完結という場合である。たとえば，インターネットによるクレジットカードの加入・発行・与信・請求・請求確認・ポイント確認・交換プレゼント申込，株式売買，債券売買，為替売買などのネット証券，自動車保険加入・旅行保険加入・生命保険加入・火災保険加入・地震保険加入などのネット保険，口座振込・口座振替・口座預金などのネット銀行，所得税確定申告・住民税確定申告などのネット行政，ネット募金，電子マネー，オンラインカジノ，オンライン競馬，ETC（Electronic Toll Collection system，電子料金収受システム）などが含まれる。

(4) 情流完結型ネットサービス

第四は，情流完結型ネットサービスであり，サービス対象が情報サービス，サービス内容がサービス自体の完結という場合である。たとえば，Webメール，ホームページ閲覧，ネット検索といったネット接続，ASP・SaaS・データセンター，オンライン新聞・オンライン雑誌，eラーニング・ネット受験といったネット教育，ネット音楽配信・ネット番組配信・ネットゲーム・通信カラオケ・ビデオオンデマンドといったネット配信，ネット翻訳・ネット認証・ネットお天気情報サービス，ネット特許申請・ネット住民票発行といったネット行政，ネット調査，ネットカウンセリング，ネット広告，ネット礼拝などが含まれる。

第 7 章 企業経営へのIT活用

Morikawa World Plus 1

第1節 実際企業と仮想企業の相互補完

　1960年代からの情報化の進展は，企業組織と企業経営に対してさまざまな影響を及ぼしてきたが，今日のICT化は，個人・組織・社会のあらゆる分野・領域におけるネット化の進展，すなわち「いつでも，どこでも，だれでも」といったコミュニケーションのネット化による，企業組織と企業経営の有効性と能率を向上させる。

　しかし，ネット化の進展と言っても，あらゆる物事がリアルからネットに移行するわけではなく，正確にはリアル化とネット化が同時的かつ相互並行的に進展していくのである。換言すれば，リアルはますますリアル化し，ネットはますますネット化する。したがって，今後の企業経営においては，リアル化とネット化の相互補完，すなわちビジネスの世界で言えば実際企業と仮想企業の相互補完的な連携が重要になる。

1．ネット化の進展

　企業経営におけるインターネット化の影響は，特にわが国政府による2001年1月の「e-Japan戦略」の発表を契機として，さまざまな領域・分野に及んでいるが，その最大の影響は，たとえばeソサエティ，eカンパニー，eビジネス，eコマース，eショッピング，eマーケット，eワーク，eラーニング，eマネーといった用語において表出されるネット化の進展にある。なおここで，

多くの場合に「e」という用語を「ネット」や「バーチャル」に置き換えても，ほとんど同様な意味において捉えられる。

ＩＣＴ化の影響は，ひとことで言えばeカンパニー化であるが，それは次の二つの局面から捉えられる。第一は，企業経営の基幹プロセス，すなわち開発・購買・生産・販売などの業務におけるインターネット化，eビジネス化，バーチャルビジネス化であり，電子商取引はこの典型的な事例である。第二は，企業経営の補助プロセス，すなわち人事・施設・財務・総務などの業務におけるインターネット化，eワーク化，バーチャルワーク化であり，テレワークはこの典型的な事例である。

近年，インターネットの普及によって多種多様なビジネスにおいてネット化，バーチャル化の傾向が顕著になってきているが，そうした動向を用語上から捉えてみよう。

まず，流通・金融サービス関係においては，たとえばネット商店街，ネット店舗，ネット通販，ネット発注，ネット調達，ネット販売，ネット流通，ネットショッピング，ネットスーパー，ネットオークション，ネット証券，ネット保険，ネット銀行，ネット振込，ネット決済などがみられる。また，情報・一般サービス関係においては，たとえばネット申請，ネット登録，ネット予約，ネット発券，ネット会議，ネット広告，ネット蔵書検索，ネット新聞，ネット調査，ネット受付，ネット翻訳，ネット認証，ネット教育，ネット番組配信，ネット音楽配信，ネット診断，ネット相談，ネットゲームなどがみられる。

2．リアル化の進展

ネット化が展開されている多数の事例を用語上から捉えたが，他方こうしたネット化と同時にその対極にあるリアル化も顕著になっている。同様に，そうした動向を用語上で捉えてみよう。近年，以下の如き多岐にわたる用語の出現を目の当たりにすると，リアルな領域においても，ますます超大型化・超大規模化・超高層化・超広域化・超高速化・超高密度化・超低価格化などが急速に進行していることがわかる。

第一に，物的施設関係においては，たとえば超大型百貨店，超大型量販店，超大型書店，超多店舗コンビニ，スーパーセンター，超大展示場，超大型ショウルーム，超高層マンション，超高層ビル，超大規模遊園地，超大規模リゾート，超高級ホテル，超広域チェーンホテル，超マンモス校などの多種多様な事例がみられる。

　第二に，交通運輸関係においては，たとえば超高速リニアモーターカー，超大型航空機，超長距離航空機，超高速航空機，超大型爆撃機，超高速船，超大型客船，超豪華客船，超深海探索船，超大型バス，超大規模観覧車，超大型タンカー，超大規模ハブ空港，超大規模宇宙ステーションなどの多種多様な事例がみられる。

　第三に，情報設備関係においては，たとえば超大規模SNS，超大規模データセンター，超大規模データベース，超大規模データウエアハウス，超大画面テレビ，超大型液晶テレビ，超大型コンピュータ，超低価格パソコン，超大規模メモリー，スーパーコンピュータ，超高機能スマートフォン，超高速無線LANなどの多種多様な事例がみられる。

3．リアル化とネット化の相互連携

　ネット化とリアル化について，私達を取り巻く企業や社会における具体物から捉えたが，リアルビジネスやリアル企業はますますリアル化に磨きがかかり，ネットビジネスやネット企業はますますネット化に拍車がかかる形で，ネット化とリアル化が同時並行的にそれぞれ極限まで進行しつつある。両者は，一見すると互いに対立関係にあるようにも見えるが，むしろ相互補完的な関係を有しているものと捉える必要がある。

　図表39「リアル化とネット化の相互補完」は，ITによるこうしたリアル化とネット化の関係を独自に一つの図にまとめて示したものである。要するに，リアルとネットを相互補完的に連携していくことが重要であるが，リアル化とネット化の相互補完策としては，次のような身近な具体例示がみられる。

　すなわち，(1)ネット通販によって購入した書籍の受け取りについて，実際

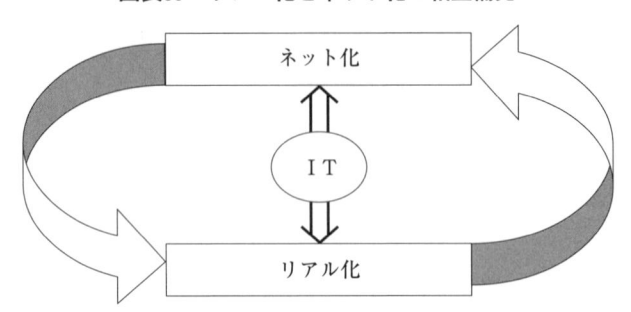

図表39　リアル化とネット化の相互補完

には宅配便ではなくコンビニというリアル店舗（実店舗）において受領する。(2)ネット通販の会員は，過去に同一会社のリアル店舗において購入した商品の購入履歴についてインターネットで確認する。(3)リアル店舗において依頼した宅急便の配送状況をインターネットで確認する。(4)リアル店舗や超大展示場において事前に購入したい自動車を十分に確認してから，実際の注文はネット購入によって実行する。(5)インターネットのネットテレビによってネット観光やネット旅行を楽しんでから，リアル観光やリアル旅行を誘導する。

　リアルとネットの相互補完的な連携事例は，これからあらゆる分野・領域において，本格的にさまざまな創意工夫がなされるであろう，否そのようにＩＣＴ化を利活用していくことが重要である。ビジネスや企業経営のネット化は21世紀のＩＴ化，ＩＣＴ化によってもたらされた最大の変革であるが，決してリアルビジネスかネットビジネスか，リアル企業かネット企業かという二者択一的にではなく，両者の長所を取り入れたハイパービジネスやハイパーカンパニーとして捉えていく必要がある。

第2節　物流体制と情流体制の相互補完

1．企業経営と経営資源

　経営資源という観点からみると，経営とは，経営資源から経営成果に至る変換過程である，すなわち組織を構成する人的資源，物的資源，金的資源，知的

資源といった四つの経営資源から，物的・情報的な製品・サービスとしての経営成果を産出する過程である。ここでの，経営の要諦は，いかに有効性と能率を高めて，組織環境から調達する経営資源を組織環境へ提供する経営成果に結実していくかにある。

　そして，経営資源という観点からみれば，経営における業務情報化とは経営資源の情報資源化である。ここで経営情報化とは，四つの経営資源について，人的資源を人的情報に，物的資源を物的情報に，金的資源を金的情報に，知的資源を知的情報に変調転化するプロセスである。同様に，経営における情報業務化とは情報資源の経営資源化である。ここで情報経営化とは，四つの情報資源について，人的情報を人的資源に，物的情報を物的資源に，金的情報を金的資源に，知的情報を知的資源に復調転化するプロセスである。

　情報ネットワーク化とは文字通り情報資源のネットワーク化であり，そこを流れる「モノ」はただ情報のみであり，情報ネットワークを通して移動することの出来る資源は情報資源に限定される。近年における情報化から情報ネットワーク化への著しい進展は，ひとことで言えば「情報」の時間的・空間的な超越によって，こうした四つの経営資源と情報資源の相互転化において，その有効性と能率を大幅に向上させる。

　情報ネットワークを利用することによって時間と空間を超越することの出来るモノは，本来的には情報のみであり，経営組織を構成する経営資源に関しては，それを情報資源に「転化」し，さらに情報資源から経営資源に転化することによって初めて情報ネットワークを活用することが出来る。したがって，経営資源を経営情報資源に転化することは，情報化と同時に情報ネットワーク化のための第一歩である。そこで次に，こうした観点から四つの経営資源と情報資源の相互転化について捉える。

　図表40「経営資源と情報資源の相互関係」は，四つの経営資源と情報資源の相互転化の関係を独自に一つの図にまとめて示したものである。そして，こうした相互転化は実際にはデータベース化する形で実施されることになる。そこで，図表41「データベースの基本構造」と図表42「データベース化した経営資

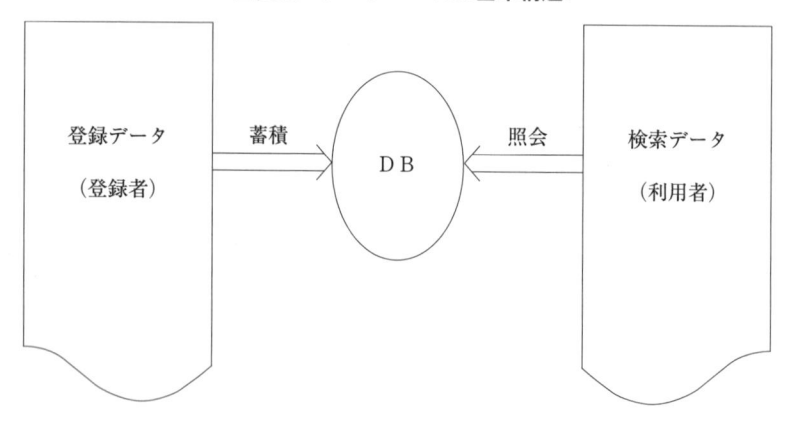

図表40　経営資源と情報資源の相互関係

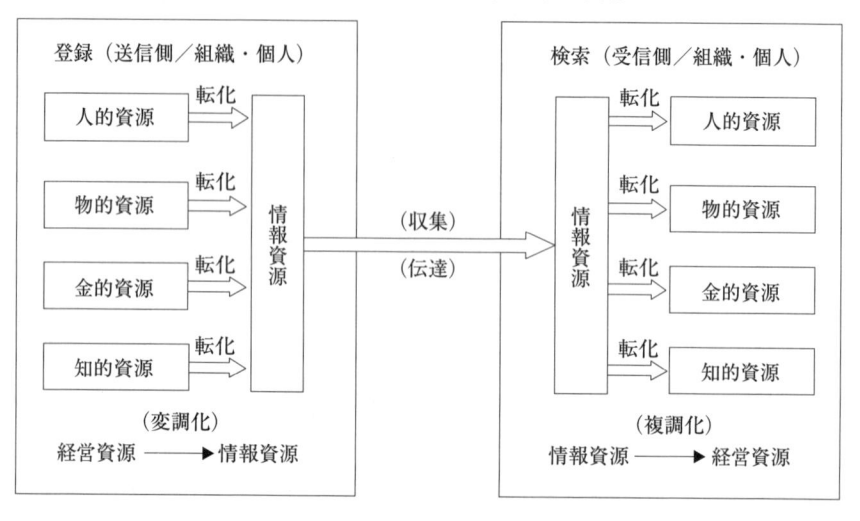

登録（送信側／組織・個人）
- 人的資源　転化→　情報資源
- 物的資源　転化→　情報資源
- 金的資源　転化→　情報資源
- 知的資源　転化→　情報資源

（変調化）
経営資源　→　情報資源

（収集）
（伝達）

検索（受信側／組織・個人）
- 情報資源　転化→　人的資源
- 情報資源　転化→　物的資源
- 情報資源　転化→　金的資源
- 情報資源　転化→　知的資源

（複調化）
情報資源　→　経営資源

図表41　データベースの基本構造

登録データ（登録者）　蓄積→　ＤＢ　←照会　検索データ（利用者）

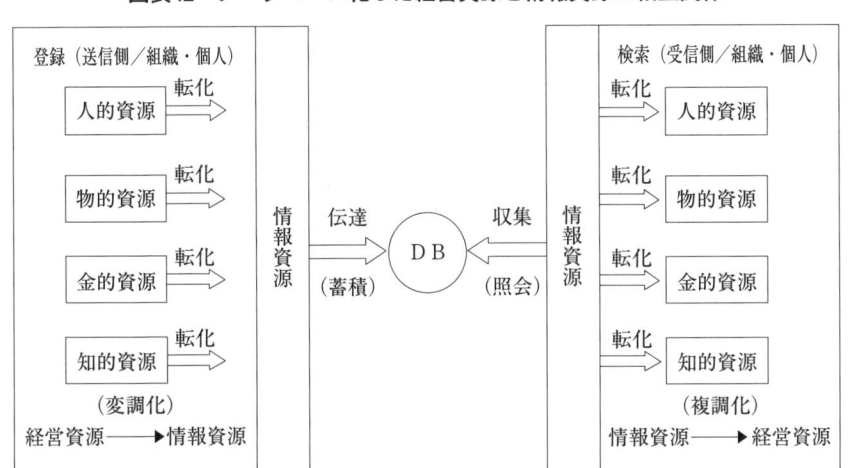

図表42　データベース化した経営資源と情報資源の相互関係

```
登録（送信側／組織・個人）                    検索（受信側／組織・個人）
          転化                                      転化
  人的資源 ───▶                              ───▶ 人的資源
          転化                                      転化
  物的資源 ───▶   情報    伝達        収集   情報 ───▶ 物的資源
          転化   資源  （蓄積）DB （照会） 資源  転化
  金的資源 ───▶                              ───▶ 金的資源
          転化                                      転化
  知的資源 ───▶                              ───▶ 知的資源
       （変調化）                                 （複調化）
  経営資源──▶情報資源                    情報資源──▶経営資源
```

源と情報資源の相互関係」は，こうした関係をそれぞれ独自に一つの図として示したものである。

2．経営資源と情報資源の相互転化

(1) 人的資源と情報資源の相互転化

　第一は，人的資源と情報資源の相互転化である。人的資源には人間自体と人的活動の二つが含まれる。人的資源と情報資源の相互転化の例示は，人間自体と人的活動にかかわる各種データベースの作成・登録・照会・削除・利用においてみられる。

　たとえば，結婚紹介サービス業における結婚情報ＤＢや，ハローワークにおける求人・求職ＤＢ，家庭教師から派遣社員に至る各種人材紹介サービス業における人材登録ＤＢ，企業組織における人事ＤＢ，大学教員ＤＢ，医師ＤＢ，弁護士ＤＢ，国会議員ＤＢ，出生・死亡・結婚・誕生・転入・転出にかかわる住民票基本台帳データベースなどのような，人間にかかわる教育・訓練・紹介・仲介・斡旋といった「人的サービス」が含まれる。

(2) 物的資源と情報資源の相互転化

　第二は，物的資源と情報資源の相互転化である。物的資源には事物自体と物的活動の二つが含まれる。物的資源と情報資源の相互転化の例示は，事物自体と物的活動にかかわる各種データベースの作成・登録・照会・削除・更新・利用においてみられる。

　たとえば，住宅販売仲介サービス業における住宅情報ＤＢや住宅販売仲介ＤＢ，運輸輸送業における宅配便ＤＢや宅配品履歴ＤＢ，航空輸送業における保有航空機ＤＢや機器保守履歴ＤＢ，レンタカー業におけるレンタカーＤＢやカーレンタル履歴ＤＢ，電機機器メーカーにおける製品在庫ＤＢや在庫製品入出庫ＤＢなどのような，施設・設備・機器にかかわる販売・賃貸・修理・保管・配送・取得・売却・移動といった「物的サービス」が含まれる。

(3) 金的資源と情報資源の相互転化

　第三は，金的資源と情報資源の相互転化である。金的資源には財貨自体と財的活動の二つが含まれる。金的資源と情報資源の相互転化の例示は，財貨自体と財的活動にかかわる各種データベースの作成・登録・照会・削除・利用などにおいてみられる。

　たとえば，銀行業における預金情報ＤＢや証券業における株式売買ＤＢ，株価ＤＢ，保険業における加入者ＤＢ，カード業におけるカード加入者ＤＢ，信託業における信託物件ＤＢなどのような財貨にかかわる預金・貯金・融資・借入・支払・与信・信託・振込・振替・交換・決済・購入・売却・売買・投資・発行・加入・脱退・保証・保障・保管・請求・発券・発行・送金といった「金的サービス」が含まれる。

(4) 知的資源と情報資源の相互転化

　第四は，知的資源と情報資源の相互転化である。知的資源には人的活動と自動情報処理機械によって産出される，知識自体と知的活動の二つが含まれる。知的資源と情報資源の相互転化の例示は，知識自体と知的活動にかかわる各種データベースの作成・登録・照会・削除・利用においてみられる。

　たとえば，出版業界における出版情報ＤＢや新聞業界における新聞情報ＤＢ，

放送業界におけるラジオ番組情報ＤＢやテレビ番組情報ＤＢ，音楽情報ＤＢ，映画情報ＤＢ，絵画情報ＤＢ，地図情報ＤＢ，企業情報ＤＢ，気象情報ＤＢ，研究論文ＤＢ，遺伝情報ＤＢ，製薬情報ＤＢなどのような，情報にかかわる収集・加工・創出・変換・蓄積・伝達・提供といった「情報サービス」が含まれる。

3．物流化と情流化の相互連携

あらゆる組織は，経営資源という観点からみれば例外なく，ヒト（人財），モノ（物財），カネ（金財），チエ（知財）なる資源，すなわち人的資源，物的資源，金的資源，知的資源という四つの経営資源から構成されており，さらに情報資源はこうした四つの経営資源を「情報」に変換したものとして理解される。

換言すれば，あらゆる組織は，経営資源の流れからみれば例外なく，人，物，金，知識なる資源プロセス，すなわち人流プロセス，物流プロセス，金流プロセス，知流プロセスという四つの経営資源プロセスから構成されており，さらに情流プロセスはこうした四つの経営資源プロセスを「情報プロセス」に変換したものとして理解される。

こうした観点からみれば，すべての企業組織は，メーカーや販売会社はいうまでもなく，たとえ物的サービス会社や情報サービス会社であっても例外なく，物流プロセスと情流プロセスからなっている。ここで，物流プロセスとはこうした四つの経営資源の流れであり，情流プロセスとは情報資源の流れである。したがって，経営資源の流れという観点からみた企業経営の要諦は，こうした情流体制と物流体制を相互に連携していかに有効性と能率を発揮するかに依拠している。

ＩＴ化は，文字通り直接的には企業組織における情報という経営資源の流れをいかに有効性と能率を高めていくかという「情流プロセス（情流体制）」にかかわるが，それは「物流プロセス（物流体制）」と密接不可分なものである。図表43「物流化と情流化の相互連携」は，ＩＴによるこうした物流プロセスと情流プロセスの相互連携を独自に一つの図として示したものである。

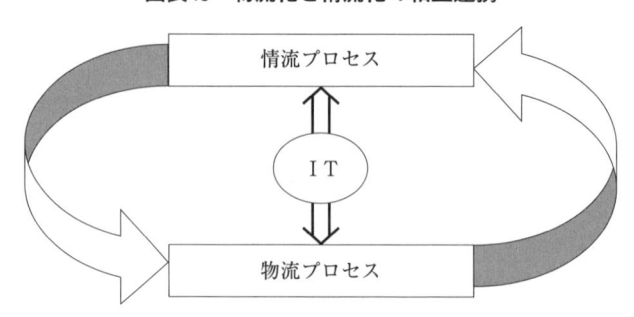

図表43 物流化と情流化の相互連携

情流プロセス
IT
物流プロセス

　元来企業におけるコンピュータ化は，たとえば資材調達や資材在庫，製品製造，商品販売，商品在庫，商品出荷などにおける情報処理にかかわる省力化・迅速化・低コスト化のために推進してきたのであり，そのネットワーク化によってそうした経営資源の流れにおける有効性と能率を飛躍的に向上させるが，こうした情報ネットワーク化は，多くの場合物質やエネルギーの流れとしての「物流体制」と密接かつ不可分に関係している。

　たとえば，有効的な電子商取引のためには効率的な宅配小口配送体制の整備が不可欠であり，一方有効的な宅配小口配送のためには効率的な情報ネットワークによる情報支援体制の確立が不可欠な要件である。宅急便のICT化の進展による最大の革新は，「宅配依頼荷物」という文字通りの「物流」における，宅配依頼荷物の受付から集荷，仕訳，配送，問合せ，配達，受渡に至るすべてのプロセスにおいて，コンピュータや情報端末による「情流」が並行している，否今日ではそうした情流の並走がなければ宅急便事業自体が成立し得なくなっており，物流と情流は表裏一体の相互補完的な関係にある。

第3節　基幹部門と補助部門の相互補完

1．組織と組織環境の相互連携

　私的・公的，あるいは経済的・政治的・文化的・医療的ないかなる組織であれ，あらゆる組織は，システム的観点からみると全くの例外なく，組織の外部

環境から何らかの製品やサービスを導入し（入力），それを組織の内部環境において何らかの処理を加えて（変換），再び組織の外部環境へ何らかの製品やサービスを提供する（出力）ことによって存在を許されるが，その存続・維持・発展は有効性と能率のいかんに依拠する。

　企業経営は，経営環境と経営資源という観点からみれば，組織環境から調達する経営資源から，組織環境へ供出する経営成果に至る変換過程である。すなわち，企業経営は，組織環境から人的資源，物的資源，金的資源，知的資源の四つの経営資源を調達して，組織における変換過程を経由して，組織環境に物的・情報的な製品・サービスとしての経営成果を産出する過程である。ここでの，経営の要諦は，いかに有効性と能率を高めて，組織環境から経営資源を調達し，調達された経営資源を経営成果に結実し，結実した経営成果を組織環境へ供出するかにある。

　企業経営におけるこうした過程は，経営組織の事業目的・事業対象面と業務手段・業務方法面という二つの側面に対して関係している。ここで，前者は経営組織がその組織環境に対して「どのような」「有効性の高い」製品やサービスを提供していくかにかかわり，そうした業務は「基幹業務」と呼ばれ，開発・調達・生産・販売などが含まれる。一方後者は，経営組織がその組織環境に対して製品やサービスを「どのように」「効率性高く」提供していくかにかかわり，そうした業務は「補助業務」と呼ばれ，人事・施設・財務・総務などが含まれる。

　ＩＴ，とりわけＩＣＴ化の顕著な特徴は，コミュニケーションのネット化による企業組織と企業経営における複数の個体間・要因間の相互連結の強化にあるが，その活用によって，こうした基幹業務相互間における連携の強化と，補助業務相互間における連携の強化，さらに基幹業務と補助業務相互間における連携の強化を図ることが重要である。図表44「基幹業務と補助業務の相互補完」は，ＩＴによるこうした基幹業務と補助業務間における相互補完を独自に一つの図として示したものである。

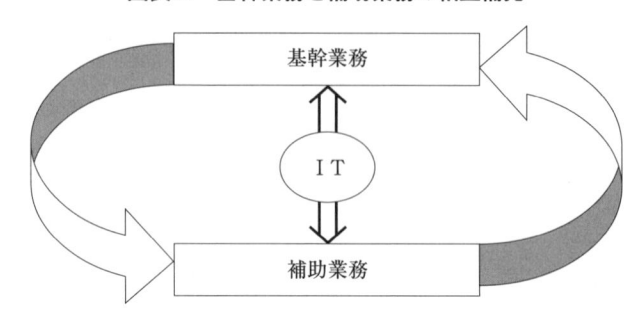

図表44　基幹業務と補助業務の相互補完

```
      基幹業務
        ↕
       ＩＴ
        ↕
      補助業務
```

2．基幹業務と補助業務

　もう一つの重要な個体企業内部組織間の相互連結は，ＩＣＴ化による組織における部門組織間の相互連結の強化である。ＩＣＴ化の本質は，コミュニケーションの革新によって組織内外における個体相互間の密接な連携を図ることにあるが，まずは個体企業における内部組織間の相互連結を図る必要がある。企業の発展にともなって組織規模の拡大と連結範囲の拡大を図ることが不可避であるが，そうした状況において高い有効性と能率を達成する必要がある。

　一つの個体企業は，その遂行業務から捉えると，基幹業務と補助業務に区分することができる。企業組織は，自らを維持・発展させていくためには社会という組織環境に対して，個有の製品・サービスを継続的に提供し続けていく必要がある。否企業組織は，自らの産出する製品・サービスが有効性と能率を向上させて，社会におけるユーザーによって継続的に受け入れられて初めてその存続を許される。

　基幹業務は，個体企業を個体企業としている製品・サービスを提供する過程に直接かかわるプロセスである。一方補助業務は，そうした基幹業務を遂行するために必要な業務に間接的にかかわるプロセスである。ここで二つの具体的な業務についてみると，たとえばいま自動車メーカーを取り上げて例示すれば，基幹業務は研究開発，購買，生産，販売にかかわる業務であり，補助業務は人事，施設，財務，総務にかかわる業務である。

3．個体企業内部における相互連結

　ここで最も重要な点は，イントラネットやエクストラネットの活用，インターネットの Web メールやＨＰ，ファイル転送，携帯電話によるケータイメールを中核とするＩＣＴ化を推進し，コミュニケーションの時間的・空間的な制約からの解放によって，基幹業務と補助業務の相互に密接かつ不可分な連結を図り，企業全体の有効性と能率を向上させることである。個体企業内部における相互連結としては，以下の三つが識別される。

(1) 基幹業務間の相互連結

　第一は基幹業務間の相互連結であり，たとえばメーカーにおける各種資材の購買，製品の製造・検査，製品の在庫・販売といった，一つの企業における購買機能—生産機能—販売機能の遂行において，照会から受注・納品，あるいは調達から生産へのリードタイムを大幅に短縮するといった複数の業務相互間の密接な連携を図ることである。

(2) 補助業務間の相互連結

　第二は補助業務間の相互連結であり，たとえばメーカーにおけるヒト・モノ・カネ・情報といった経営資源の導入・活用にかかわる，人事機能・施設機能・財務機能・総務機能の遂行において，設備増強に即応するために財務強化を，あるいは財務強化を図るために人材補強を図るといった複数の業務相互間の密接な連携を図ることである。

(3) 基幹業務と補助業務の相互連結

　第三は基幹業務と補助業務の相互連結であり，たとえば購買機能と財務機能，生産機能と施設機能，販売機能と人事機能の遂行において，生産増大に即応するために設備増強を，あるいは販売増大を図るために広告強化を図るといった複数の業務相互間の密接な連携を図ることである。

　なお，ここでの典型的な手法として ERP をあげることができる。ERP（Enterprise Resource Planning，企業資源計画）は，企業内の情報共有化のためのツールであり，企業の購買・生産・販売・人事・財務などの主要な業務プロセスにおける経営情報をデータベース化するとともに，リアルタイムに情報を更

新して情報を一元的かつ統合的に管理するシステムである。

第4節　個体企業と外部組織の相互連携

1．外部組織との相互連携

　企業組織は，社会に対してその存在を確実にするために，製品やサービスを継続的に供給し，受容されなければならないが，そのためには，さまざまな外部組織との間で連携を密にしていくことが重要である。こうした外部組織には，個体企業と同業種，あるいは異業種の外部企業はもちろんのこと，外部関係団体や産業組織といった外部関係機関，政府や自治体などの行政機関のすべてを含めて捉える必要がある。

　ICT化の本質は，インターネット化・ブロードバンド化・ユビキタス化によるコミュニケーションの時間的かつ空間的な革新によって，すべての個体（たとえば個人や組織，社会）が他者との関係構築やその維持において，従来からの時間軸と空間軸を大幅に超える相互連結が可能になったことにある。

　企業経営におけるインターネット化の推進目的として掲げられた大きな旗印は，企業内部相互間における情報共有化に加えて，企業と取引先企業（調達先企業・納入先企業・流通企業）といった外部企業，顧客，金融機関，行政機関との間における情報共有化，すなわち時間と空間を超越する「情報共有化」にある。組織の構成・成立要件としては共通目的・貢献意欲・コミュニケーションの三つであるが，組織の発展・成長要件としては，他の組織よりも高い有効性と能率を保持していかなければならない。

2．相互連携の拡大

　「組織」という概念を一つの個体組織から，顧客や取引先企業などの関係する外部組織を含めて，より大きな一つの組織と捉えて，ICT化によるコミュニケーション革命をこうした領域にまで拡大し適用していくことによって，有効性と能率の向上を図ることが重要である。

個体企業と外部企業の相互連携の例示としては，たとえばインターネットを利活用して種々な契約や決済などを実行する電子商取引（Electronic Commerce：ＥＣ）があげられる。ＥＣは，企業間の取引を意味する「B to B（Business to Business：Ｂ２Ｂ）」，企業と消費者間の取引を意味する「B to C（Business to Customer：Ｂ２Ｃ）」，消費者間の取引を意味する「C to C（Customer to Customer：Ｃ２Ｃ）」の三つに区分されるが，特に今後はＢ２Ｂをさらに本格化していく必要がある。さらに，インターネットによるオークションや逆オークションの進化にともなって個人相互間の直接的な取引を意味する「P to P（Person to Person：Ｐ２Ｐ）」なども現出している。

　また，個体企業と外部企業の具体的な形による相互連携の典型的な手法としては，たとえばSCM（Supply Chain Management，サプライチェーンマネジメント）やCRM（Customer Relationship Management，カスタマーリレーションシップマネジメント）があげられるが，いずれもＩＣＴの進展と密接な関係を有する。

　SCMは，企業内部と外部企業間における情報共有化のためのツールであり，資材調達から製品生産，商品販売に到る工程全体を一貫してコンピュータシステムで統合的に管理し，企業収益を向上させるための管理手法を指している。こうした局面に対するＩＣＴ化の推進によって，相互連結のための時間的・空間的なロスが少なくなり，工程全体の有効性と能率の向上を図ることができる。こうした状況は，ちょうど一つの工場におけるオートメーション化によって，その工場全体の作業効率が飛躍的に向上したという情況を，企業相互間に拡大したものと理解される。

　他方CRMは，コールセンターやカスタマーセンターなどの強化によって，たとえば一人ひとりの顧客の購買履歴や照会履歴，購買パターンや趣味・嗜好をデータベース化し，その活用によって顧客満足度の向上を図る手法であるが，ＩＣＴ化の進展によって基盤となるデータベースの迅速な更新や，その活用においてきわめて大きな影響を有する。

3．外部機関との相互連携

今日インターネット化の進展にともなって，こうした企業と外部機関の連携化の例示には暇がない。たとえば，インターネットによる電子特許申請制度，電子納税制度，住所変更や各種許認可申請手続き，ビザ取得のオンライン電子申請，住民基本台帳ネットワーク（住基ネット）の本格稼働などがあげられるが，いずれもＩＣＴをいかに利活用するかによって有効性と能率の向上を根底から左右する。

ともあれ，企業経営にとって，他者と相互に連携を図ることはきわめて重要である。ＩＣＴ化によって，企業組織間はもちろんのこと産業組織間の相互連携を高めることによって，企業経営の有効性と能率を高めることが重要である。

相互連携とは，複数の個体が相互に密接不可分につながりを有することを意味する。そうしたつながりは，たとえば時間的・空間的，構造的・機能的，物理的・情報的といった観点から捉えることができる。そして，つながりの度合や範囲などの差異によって，特にバブル崩壊以降において，たとえば融合化，一体化，複合化，連結化，連携化，連係化，連動化，連合化といった多種多様な用語が使用されている。

近年，異業種交流，異業種連携，異業種融合などの重要性が指摘されてきたが，特にマーケティング，流通，情報・通信，交通・輸送，金融といった企業分野における相互連結の具体例としては，製販（製造・販売）一体化，製販卸（製造・販売・卸売）一体化，卸小売（卸売・小売）一体化，産直（生産・消費）融合化，情報と通信の融合化，放送と通信の融合化，情報・通信・放送の一体化，輸送の空陸（航空・陸上）一体化，輸送の水陸（水上・陸上）一体化，交通運輸（交通・運輸）一体化，銀証（銀行・証券）融合化，銀保（銀行・保険）融合化，生損（生命保険・損害保険）融合化などがみられる。

第8章 企業経営業務への IT活用事例

Morikawa World Plus 1

第1節 企業経営業務とIT活用

　企業経営業務は基幹業務と補助業務の二つに区分することができ，たとえばメーカーにおいては，基幹業務には開発，調達，生産，販売などの業務が含まれ，一方補助業務には人事，施設，財務，情報などの業務が含まれる。ここでは，こうした業務とITのかかわりについて捉えてみよう。

1．経営基幹業務とIT活用

　まず，経営基幹業務におけるITの活用については以下のように捉えられる。
　第一の開発業務には，製品やサービスの開発業務自体と，開発方法や開発過程におけるIT活用が含まれる。ITの活用によって，前者は開発業務における製品の構造的・機能的な設計やデザインの高度化・効率化を図り，後者は開発プロセスの協働化や迅速化を図る。
　第二の調達業務には，部品やサービスの調達業務自体と，調達方法や調達過程におけるITの活用が含まれる。ITの活用によって，前者は調達業務における適格化と迅速化を図り，後者は調達プロセスの協働化や迅速化を図る。
　第三の生産業務には，製品やサービスの生産業務自体と，生産方法や生産過程におけるITの活用が含まれる。ITの活用によって，前者は生産業務における適格化と迅速化を図り，後者は生産プロセスの協働化や迅速化を図る。
　第四の販売業務には，製品やサービスの販売業務自体と，販売方法や販売過

程におけるITの活用が含まれる。ITの活用によって，前者は販売業務における適格化と迅速化を図り，後者は販売プロセスの協働化や迅速化を図る。

2．経営補助業務とIT活用

次に，経営補助業務におけるITの活用については以下のように捉えられる。

第一の人事業務には，人事業務自体と，人事の開発方法や開発過程におけるIT活用が含まれる。ITの活用によって，前者は人材の募集・採用，配置・転換といった人事業務における適格化・高度化を図り，後者は人材の教育・訓練，昇給・昇任といった人事開発プロセスの効率化・迅速化を図る。

第二の施設業務には，施設業務自体と，施設の管理方法や管理過程におけるITの活用が含まれる。ITの活用によって，前者は施設の建設・導入，設置・再編といった施設業務における適格化と迅速化を図り，後者は施設の配置・更新といった施設管理プロセスの効率化や迅速化を図る。

第三の財務業務には，財務業務自体と，財務の管理方法や管理過程におけるITの活用が含まれる。ITの活用によって，前者は資金の調達や運用といった財務業務における適格化と迅速化を図り，後者は資金の把握や補足といった財務プロセスの協働化や迅速化を図る。

第四の情報業務には，情報業務自体と，情報の管理方法や管理過程におけるITの活用が含まれる。ITの活用によって，前者は情報の収集・処理・伝達といった情報業務における適格化と迅速化を図り，後者は情報の実行・分析・提案といった管理プロセスの協働化や迅速化を図る。

3．企業経営業務における情報化の段階

経営業務へのICT活用による最大のインパクトは，経営におけるすべての業務や部門における経営資源を「いつでも，どこでも，だれでも」結合することが密接かつ容易に，迅速になることである。こうした観点から，従来の業務や部門における経営資源間の相互結合についてみると，以下の四つの段階に区分される。

(1) 情報化以前

　第一段階は，情報化以前の段階であり，もちろん業務や部門間において相互に結合されてはいるが，今日的な視点からみれば余り有効的かつ能率的な結合ではなく，ほとんど非結合に近い段階である。これは，ＤＰ時代以前の情報化段階であり，各業務や部門相互間はフェイスツーフェイスや文書によるコミュニケーションツールの時代である。

(2) 部門内情報化

　第二段階は，部門内情報化の段階であり，一つの業務や部門間における相互結合の段階である。たとえば人事部門や販売部門といった一つの部門内における相互結合の段階である。これはＤＰ時代の情報化段階であり，各部門における大量かつ反復的な業務のコンピュータ化がなされた時代である。

(3) 企業内情報化

　第三段階は，企業内情報化の段階であり，一つの企業内部における基幹業務と補助業務のほとんどすべての業務がコンピュータとＯＡ機器によって相互に結合された段階である。これは，ＯＡ時代の情報化段階であり，一つの企業内部におけるあらゆる業務や部門における少量かつ非反復的な業務のコンピュータ化とＯＡ化がなされた時代である。

(4) 企業間情報化

　第四段階は，企業間情報化の段階であり，一つの企業内はもちろんのこと主要取引先や一般取引先の企業相互間から，特定一般顧客にかかわるほとんどすべての業務がインターネットを中核とする情報ネットワークによって相互に結合された段階である。これはＩＴ時代，ＩＣＴ時代の情報化段階であり，企業相互間や企業をとりまく特定一般顧客との間における業務のＩＴ化がなされる時代である。

第2節　生産業務におけるIT活用事例

1．生産業務とIT活用

　生産とは，素材調達から製品出荷までのモノの流れである。いま，システム的観点からみれば，あらゆる企業活動において無から有は生じないとすれば，生産とは，調達・投入された資材から創出・産出される製品に至る流れにおいて価値を付加する過程である。そして，こうした過程におけるITの付加価値は，調達・投入する素材・資材の資源に対する，創出・産出する製品の資源的価値からみた有効性と能率の付加度合である。

　換言すれば，生産過程におけるIT活用の価値は，素材という形をとる投入資源から製品という形をとる産出資源への変換過程において，いかに有効性と能率の高い生産量・品質・コスト・納期の実施に貢献したかの度合に依拠する。

　生産過程における付加価値化は，基本的には集積型と拡散型の二つに区分される。集積型は，たとえば自動車産業やコンピュータ産業，電機産業，機械産業，造船産業などのように部品を組立集積していくプロセスにおいて価値が付加されるタイプである。他方拡散型は，たとえば石油産業や鉄鋼産業，化学産業，パルプ産業，食品産業などのように素材を分離拡散していくプロセスにおいて価値が付加されるタイプである。

　そして，たとえば集積型の生産過程におけるプロセスは，調達—加工—組立—検査—出荷などの主要プロセスから構成されるが，調達プロセスについては購買業務として独立した一つのプロセスとして捉えられる場合も少なくない。また，調達業務に先行する開発業務は通常生産業務とは分けて一つの独立した重要な業務として捉えられる。

2．サプライチェーンマネジメントの本質

　サプライチェーンマネジメントとは，文字通り捉えれば「供給連鎖管理」ということになるが，たとえばあるメーカーにおける企業経営を考えてみると，

メーカーの使命は調達先から必要な資材を入手して，顧客のニーズにあった製品を有効性が高くて能率の良い形で製造して，顧客に提供することである。そして，メーカーによって製造された製品が最終顧客に届くまでには，卸や小売などの販売会社や流通会社，運送会社などの多数の会社を経由する。

企業経営は例外なく，こうした一連のプロセスのすべてにおいて，「価値の連鎖（バリューチェーン）」，すなわちプロセスを進むにしたがって価値を増大していくことが必要不可欠な要件である。サプライチェーンマネジメントは，こうした「資材供給会社—製品製造会社—販売会社—流通会社—運送会社」における価値の連鎖を図ることである。そして，こうした会社とその業務の連鎖はすべてコミュニケーションによってとられるので，有効性高く能率の良いコミュニケーションは，価値連鎖の必要不可欠な要件である。

ＩＣＴ化は，こうしたコミュニケーションにおいて重要な役割を担っている。インターネット化とブロードバンド化によって，「いつでも，どこでも，だれでも」コミュニケーションが可能となり，すべての個体が時間的・空間的・対象的な制約を超えて連結可能となったことは，サプライチェーンマネジメントの成否に大きな影響がある。

3．ＩＴ化による生産業務の図式

ここでは，ＩＴ化による生産業務の流れについて，一つの典型的な図式として捉えてみよう。図表45「生産業務へのＩＴ化図式」は，受入，製造，出荷からなる生産業務を一つの図によって示したものである。図表45において，生産業務は，マクロ的には生産商流，生産情流，生産物流からなり，ミクロ的には受入，製造，出荷からなっている。生産業務は，旧来は生産商流と生産物流の後追い的に進んでいたが，ＩＣＴ化によって生産商流と生産物流に先行して進むことができるようになる。

4．生産業務へのＩＣＴ化展開事例

ＩＣＴ化の進展は，あらゆる経営業務に革命的とも言える影響を及ぼしてい

図表45　生産業務へのIT化図式

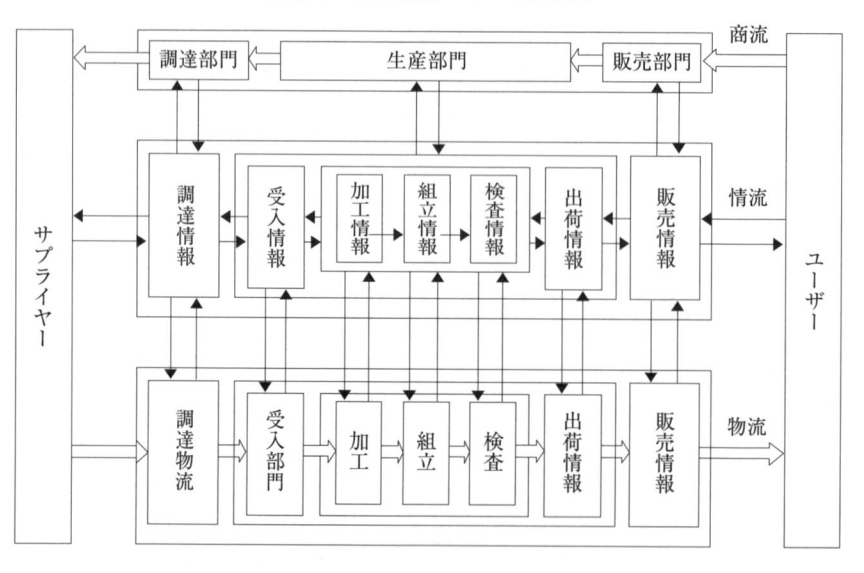

図表46　パソコンの生産モデル

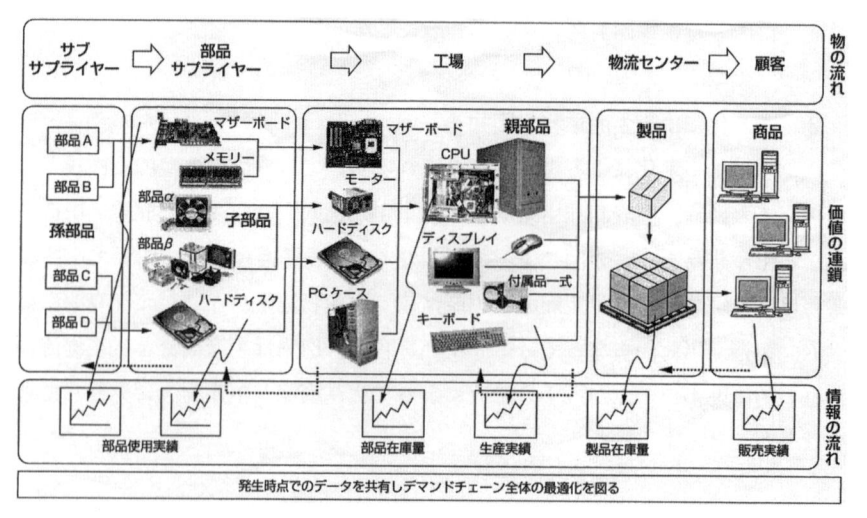

るが，生産業務においても例外ではない。図表46「パソコンの生産モデル」[20]は，「ＰＣダイレクト（PC-Direct）」と呼ばれる，インターネットを主体とする無店舗形態の直接販売方式をとるサプライチェーンマネジメントの流れを一つの図で示したものである。

ＰＣダイレクトは，旧来は店舗販売が中心，否店頭販売方式しか考えられなかったパソコンの販売に対して，一人ひとりの個客ニーズに合う形で受注し，個別に生産し，個別に販売するという新しい通信販売方式（個別受注生産方式）であり，米国デル（Dell）社が嚆矢であったが，今日ではＨＰ（Hewlett-Packard）社を始めとするほとんどのパソコンメーカーが採用している。図表46から見られるように，ＰＣダイレクトの最大の特徴は，発生時点でのデータを共有し，物の流れに先行する形で情報の流れを進めることによって，価値連鎖を図り，デマンドチェーン全体の最適化を図ることにある。

第３節　流通業におけるＩＴ活用事例

１．流通業務とＩＴ活用

流通とは，生産者から消費者に至るモノの流れである。採取・狩猟や初期の農耕における自給自足を中心とする原始時代には生産者＝消費者であった。農業時代から工業時代になると生産者と消費者は直接接点を持たないで，両者の仲介者である流通者による分業化が図られ，生産者≒消費者，生産者―流通者―消費者となった。さらに社会の発展にともなって，流通者が担う流通機能の合理化に迫られ，取引・売買機能，保管・貯蔵機能，輸送・運送機能，情報収集・伝達機能などが分離・独立した機能として，たとえば生産者―卸売者―保管者―運輸者―小売者―消費者となる。なおここで，保管機能と輸送機能は物的流通（物流），売買機能と情報機能は情的流通（情流）と呼ばれる。

他方，「流通を制するものは業界を制する」，否「すべてのビジネスは流通に通じる」と言われる流通は，ＩＴ化の進展にともなって，不可逆的な過程として捉えられてきた流通分業化の方向性に大きな変革がみられる。すなわち，Ｉ

CT化の最大の特徴である複数の個体・対象の結合化を最大限に発揮し，原始時代とは異なる形で生産者—運搬者—消費者，あるいは生産者—卸売者—保管者—運搬者—小売者—消費者という形ではあるが，その結合がすべて情報を基盤として統合的に結合されるようになる。

2．eトレーサビリティの本質

　トレーサビリティ（traceability）は追跡可能性と訳されており，企業経営の分野においては一義的には商品履歴の管理を意味するが，さらに調達資源から成果資源に至る広範な領域に拡大してきている。トレーサビリティは，当初は「食の安全」という観点から，食の安全と安心を確保するために重要視された概念であり，食品の素材の栽培や飼育から加工・製造・流通などにかかわる全過程を明確にすることやその仕組みを意味していた。

　しかし，近年は農産物や畜産物，海産物ばかりではなく薬品や家庭電化製品から自動車，機械一般，各種部品，セメント，衣類，宝石などの鉱工物における製造工程から物流工程，換言すれば原材料から完成品，産出から廃棄やリサイクルに至るまでのきわめて広範な領域に及んでいる。さらに，宅配便や配達郵便の配送サービス，貨物輸送サービス，電話や携帯電話の通話記録，インターネットへのアクセス記録，メール送付記録，パスモやスイカによる乗車記録，医療機関における診察記録のICカード化といった機能も，ある意味ではサービス業務のトレーサビリティであると解釈することもできよう。

　こうしたトレーサビリティの広範化は，技術的にはバーコードから二次元コード，ICタグへの発展，インターネット化やブロードバンド化によるところが大きいが，理念的には安心・安全にかかわる消費者の要求や，環境保護や資源の再資源化（リサイクル）や再利用（リユース），ゴミの削減（リデユース）に対する社会的要求に依拠する。

3．IT化による流通業務の図式

　ここでは，IT化による流通業務の流れについて，一つの典型的な図式とし

第8章 企業経営業務へのIT活用事例 125

図表47 流通業務へのIT化図式

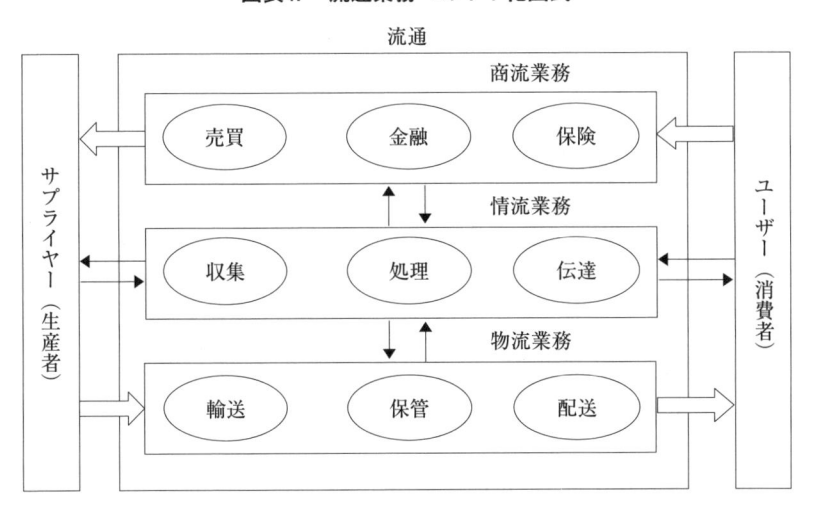

```
                           流通
サプライヤー（生産者）  ┌─商流業務──────────┐  ユーザー（消費者）
                    │ 売買   金融   保険  │
                    ├─情流業務──────────┤
                    │ 収集   処理   伝達  │
                    ├─物流業務──────────┤
                    │ 輸送   保管   配送  │
                    └───────────────────┘
```

図表48 物流業務へのIT化図式

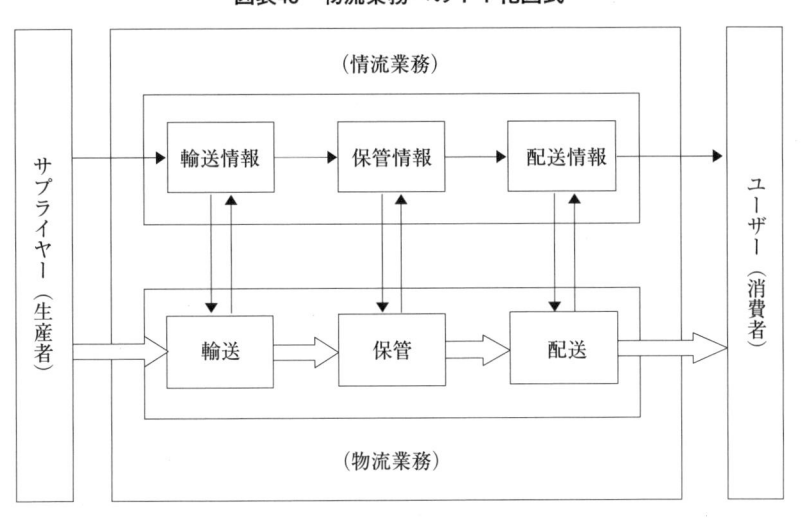

```
サプライヤー（生産者）  ┌─（情流業務）─────────────┐  ユーザー（消費者）
                    │  輸送情報 → 保管情報 → 配送情報  │
                    │     ↑↓        ↑↓        ↑↓    │
                    │   輸送  →   保管  →   配送    │
                    └─（物流業務）─────────────┘
```

て捉えてみよう。図表47「流通業務へのＩＴ化図式」は，商流，情流，物流からなる流通業務を一つの図によって示したものである。図表47において，商流と物流は基本的には流れの方向は異なるがいずれも一方向の流れであるが，情流はこうした二つの流れに符合した，両方向の流れを示している。情流は，旧来は商流と物流の後追い的に進んでいたが，ＩＣＴ化によって商流と物流に先行して進むことができるようになる。

図表48「物流業務へのＩＴ化図式」は，輸送，保管，配送からなる物流業務を一つの図によって示したものである。図表48において，情流業務は，旧来は物流業務の後追い的に進んでいたが，ＩＣＴ化によって物流業務のすべての機能と連動して先行して進むことができるようになる。

4．流通業務へのＩＣＴ化展開事例

自然物であれ人工物であれ，生産物が生産者から消費者に届いて実際に利活用されるまでには，卸や小売などの流通と呼ばれる幾つかの過程を経由する。食の安全や製造物責任（Product Liability：ＰＬ）が強く叫ばれる昨今，自然

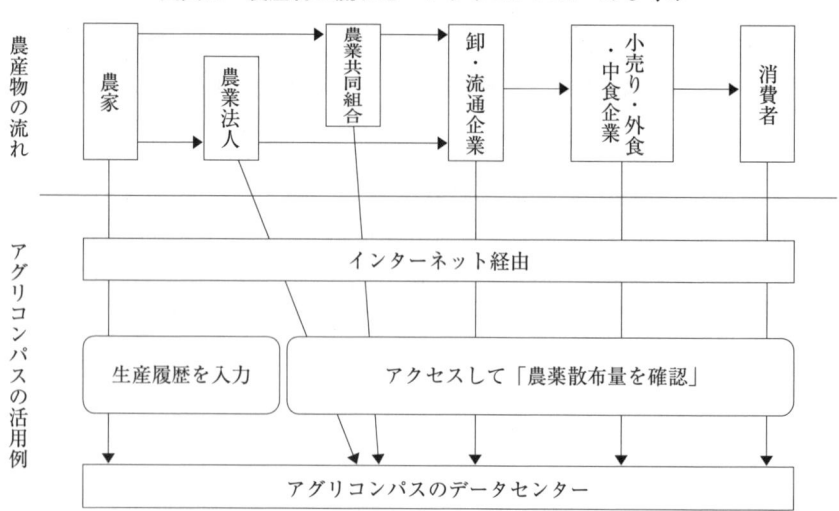

図表49　農産物の流れと"アグリコンパス"のしくみ

第8章　企業経営業務へのIT活用事例　127

図表50　製薬メーカーから病院まで一貫したトレーサビリティ

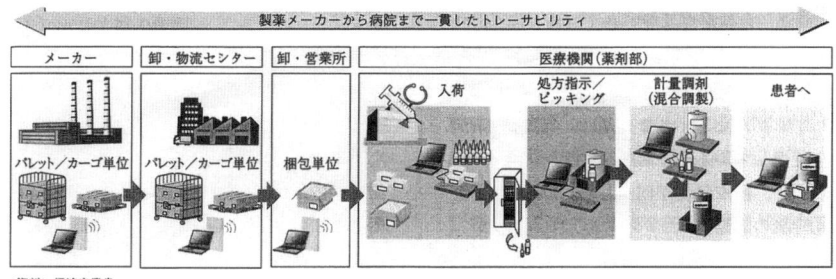

〈資料〉経済産業省

物・人工物を問わず生産物のトレーサビリティ（履歴管理）面における，ICT化の役割に大きな期待が寄せられている。

図表49「農産物の流れと"アグリコンパス"のしくみ」[21]は，農産物のeトレーサビリティ（生産履歴の管理）サービスの事例であり，農作物の生産現場から小売や外食企業，消費者までの流れを一つの図で示したものである。ここでは，農家の生産履歴をデータセンターに蓄積し，会員制でインターネットを介して関係する企業はいつでも，どこでも，だれでも，たとえば農薬の種類や散布量，日付などの生産履歴を確認することが出来る。

図表50「製薬メーカーから病院まで一貫したトレーサビリティ」[22]は，薬品のeトレーサビリティサービスの事例であり，医薬品業界におけるトレーサビリティの流れを一つの図で示したものである。ここでは，病院における医薬品管理精度の向上などによる医療安全性の向上や，製薬メーカーから卸，病院までを含めたサプライチェーン全体での医薬品在庫の最適化を目的とし，一貫したトレーサビリティの実現をめざしている。

Morikawa World Plus 1

補論
合理的意思決定過程の情報可視化
―日常生活上の意思決定事例からみた「情報」―

Morikawa World Plus 1

序

　情報化社会と呼称されて久しい今日，改めて捉えてみると，私達の身の回りは多種多様な沢山の「情報」に溢れている。たとえば，観光情報・宿泊情報・鉄道情報・航空情報・運輸情報，住宅情報・金利情報・商品情報・食品情報・素材情報，人事情報・財務情報・経営情報・企業情報・社会情報，教育情報・学校情報・入試情報・講義情報・休講情報など，私達は毎日何らかの情報に出会わない日はないのである。

　現代社会に生きる私達，否個人・組織・社会といったあらゆる個体は，新聞・雑誌・書籍・テレビ・ラジオ・ケータイ・パソコン・インターネットといった多様なメディアを活用して，こうした情報の収集・処理・蓄積・伝達のために膨大な労力を費消している。しかも，現代企業におけるオフィスワーカーが遂行するオフィス業務の大半は，こうした何らかのいわゆる「情報」にかかわる仕事がほとんどすべてであると言える。そしていま，私達はこのような膨大な情報は一体何のために処理しているのかについて捉えると，意思決定における不確実性の減少ということになる。

　現代社会に生きる私達は，会社でも自宅でも，都市でも地方でも，学術界でも産業界でも，自然科学者も社会科学者も，経営者も従業員も，大人も子供も，男性も女性も例外なく，さらに，先進国においてのみならず発展途上国，自由

主義国家のみならず社会主義国家においても，とりわけ21世紀におけるインターネット化の進展にともなって，世界中のあらゆる人々が至極当然の如くに毎日「情報」に出会い，かつ自らも新たな情報を創り出していることであろう。

こうした情況であるにもかかわらず，私達の大半は，改めて「情報とは何か」と自問してみると，その答えは必ずしも明確なものではない。長年にわたって情報化が叫ばれてきたが故に，多くの場合，その中核を形成する「情報」については既知なるものとして認識している。しかし，真の情報化を推進していくためには，情報技術の新たな革新・進化にともなって，情報思考もまた新たな展開・進展を図っていかなければならないのであり，そうした情報思考の中心的な命題は，「情報とは何か」ということに他ならない。

そこでいま本稿では，こうした「情報とは何か」という命題について，私達の身近な日常生活上の経験的な対象領域においてみられる具体的な意思決定事例を取り上げて考察したい。以下では，まず意思決定の本質について記述する。次に意思決定と情報について考察する。続いて合理的意思決定メカニズムについて明確にする。最後に，沢山の人が日常生活上経験している意思決定事例を取り上げて，私達にとって実際に「何が情報であるのか」，私達は具体的に「何を情報として認識しているのか」，否私達は「何を情報として認識しなければならないのか」，ということを明確にしたい。

第1節　意思決定の本質

「意思決定」などという形式的な用語が，学術界ではともかく実際の日常生活において使用されることはきわめて希なことである。しかし，日常生活において改めて「情報」という概念を認識し，その重要性を再認識することは，現代の情報化社会においてきわめて重要なことであろう。ここでは，主としてサイモン（Herbert A. Simon）にしたがって，意思決定の概念について考察しておきたい。意思決定とは，ひとことで言えば文字通り何事かを決定することであり，構造的には誰が，何を，どのようにして決定するのか，換言すれば意思

決定の決定主体，決定対象，決定過程という一連の枠組みにおいて捉えることができる。

意思決定という観点からみれば，「意思決定」はこの世に存在するあらゆる個体（個人・組織・社会）における共通現象であり存続要件であると言える。こうした意思決定について最も重要なことは，言うまでもなくその決定内容，すなわちどのように決定するのかということであるが，その前提として明確化する必要があるのは，だれが，どのようなことについて，どのような過程を経て，換言すれば意思決定の決定主体，決定対象，決定過程ということである。

1．意思決定の決定主体

そこでいま，まず意思決定の決定主体について捉えてみよう。ここでは，決定主体が個人，組織，社会のいずれであるかによって区分すると，それぞれ個人的決定，組織的決定，社会的決定の三つに大別することができる。なお，こうした三つの区分は，「意思決定」という分析的枠組みを適用する目的に応じて，さらにそれぞれ任意に幾つもの下位区分を設けることができよう。

個人的決定とは，意思決定の決定主体が「個人」，厳密には個人的な役割を有する個人であり，その決定内容が「個人的な事柄」である。ここでは，意思決定の主体は最も明確であり，行なわれた意思決定の結果として獲得される恩恵や光陰ともにその影響は一般的には最も狭い範囲に留まり，最も明確かつ直接的である。

組織的決定とは，意思決定の決定主体が「組織」，厳密には組織的な役割を有する個人や機関であり，その決定内容が「組織的な事柄」である。ここでは，意思決定の主体は普通明確であるが不明確な場合もある。行なわれた意思決定の結果として獲得される恩恵や影響が広範囲に及ぶことも多く，比較的明確かつ直接的である。

社会的決定とは，意思決定の決定主体が「社会」，厳密には社会的な役割を有する機関や個人であり，その決定内容が「社会的な事柄」である。ここでは，意思決定の主体は不明確なことが多く，行なわれた意思決定の結果として獲得

される恩恵や影響が最も広範囲に及ぶことが多く，不明確かつ多くの場合には間接的である。

こうした三つの決定は，いずれの場合にも決定内容にかかわる情報が不可欠であり，意思決定を可能な限り合目的的・理性的・理知的・合理的に行なおうとすればするほど，後述する意思決定メカニズムに基づいて意思決定を行なっていく必要がある。換言すれば，意思決定において不確実性を少なくしようとすればするほど，質量の両面における情報の必要性がよりいっそう増大することになる。また一般的に，個人的決定から組織的決定，社会的決定に移行するにつれて，それにかかわる要因も多くなり，そのために必要な情報要件も漸次複雑性が増大していくことになる。

2．意思決定の決定対象

次に，意思決定の決定対象について捉えてみよう。私達は例外なく，毎日何らかの「問題」を抱えながらこの世に存在している。ここで「問題」とは，生死を左右するような重大な事柄から日常生活上の些細な事柄に至るまでのさまざまな事柄を包含する広範な概念である。意思決定（Decision Making）とは，ひとことで言えば文字通り，こうした広範なレベルにおける何らかの問題についての，自らの意思を明確にすることである。

そこでいま，個人的決定，すなわち純粋に私達個人の事柄に関して，この「何らかの問題」を「決定する」ということについてさらに細かく捉えてみると，私達は主体的かつ意識的に明確に決定している場合もあれば，いわば無意識的に決定している場合もある。否むしろ，私達の日常的な行動の大半は，およそ自分自身では何かを「決定した」などということを改めて意識することもなく，無意識的に実行している習慣的な事柄の方が遥かに多いということに気が付くのである。

ここでもし，この「問題」や「決定」という言葉を私達が普通に使用しているような「特別な問題」や「特別な決定」という意味においてではなく，あらゆる何でもない問題や決定に対しても使用すると，私達人間はすべて例外なく

一生，文字通り生まれてから死ぬまで，毎日朝起きてから夜寝るまで，正に何らかの問題に関する意思決定の連続によって生きているということになる。このような視点からみれば，「意思決定とは問題解決なり」，「問題とは現状と理想のギャップなり」，「問題解決とは現状と理想のギャップを埋めることなり」ということになろう。

3．意思決定の決定過程

続いて，意思決定の決定過程について捉えてみよう。サイモンによれば，意思決定の過程は情報活動，設計活動，選択活動，評価活動といった四つのプロセスから構成される[23]。情報活動は，意思決定が必要となる条件を見極めるために環境を詮索することである。設計活動は，可能な行為の代替案を発見し開発し分析することである。選択活動は，利用可能な行為の代替案のうちからある特定のものを選択することである。評価活動は，過去の選択を再検討することである。

そして，このモデルによれば，概して情報活動は設計活動に先行するが，情報活動は第一の「情報活動」過程においてのみ行なわれるわけではなく，それぞれの過程において必要不可欠な活動である。四つのプロセスの循環には幾つものフィードバックやフィードフォワードが存在し，実際にはこの順序よりもはるかに複雑な形をとりながら進行する。たとえば，各プロセス自体も一連の意思決定過程を成しており，意思決定の全体プロセスはこうした四つの一連のプロセスが幾重にも連続して成立しているものとされる。

4．意思決定の決定類型

サイモンは，意思決定の決定類型を定型的決定と非定型的決定の二つに大別し，両者は両極であって，その間は連続した全体を成しているものと捉えている[24]。第一は定型的決定であり，決定を行なうための明確な手続きが決められていて，決定を行なう必要が生じた都度改めて処理する必要がないような，反復的でルーチンな決定である。第二は非定型的決定であり，新しく，構造化

されていない，重要な決定である。

ゴリー（G. Anthony Gorry）とモートン（Michael S. Scott Morton）は，こうしたサイモンの定型的，非定型的という用語の代わりに構造的，非構造的という用語を用いるとともに，その中間に半構造的という区分を設けて，意思決定のプロセスとの関連において意思決定を，構造的決定，半構造的決定，非構造的決定の三つに大別している[25]。

構造的決定は，意思決定過程のすべてのプロセスが構造化されている決定である。半構造的決定は，意思決定過程の一部分のプロセスしか構造化されていない決定である。非構造的決定は，意思決定過程のいずれのプロセスも構造化されていない決定である。なおここで，構造化とはほとんど明確化と同義語として捉えられよう。

そして，こうした三つの区分を「意思決定と情報」という観点からより厳密に捉えてみると，次のように解釈することができる。すでに意思決定を設問・設計・選択・評価という一連の四つの「意思決定過程」において捉えたが，これらは，必ずしも個々の項目には対応していないが，意思決定の決定内容・必要情報・選択内容・判定基準という四つの要因として捉えることができる。

ここで，決定内容とは，行なおうとしている意思決定は具体的にどのような内容と範囲にかかわる意思決定かということである。必要情報とは，そうした当該の意思決定を行なうために必要な情報が具体的に明確になっているか否かである。選択内容とは，そうした意思決定を実際に行なう場合の具体的な選択肢（代替案）が明確になっているか否かである。判定基準とは，それぞれの具体的な選択肢の長所・短所が明確になっており，その情報がどのような情報内容であればどのような内容の選択（意思決定）を行なうかということが明確になっているか否かである。

そこでいま，こうした観点からみると，構造的決定は意思決定メカニズムのすべてが明確になっている場合であり，半構造的決定は意思決定メカニズムの一部が明確になっている場合であり，非構造的決定は意思決定メカニズムがほとんどすべて明確になっていない場合であると言える。

第2節　意思決定と情報

1.「意思決定と情報」の環境変化

「意思決定と情報」にかかわる研究は，根本的には人間は起きてから寝るまで，否生まれてから死ぬまで意思決定の連続であるとの前提に立っている。さらに，人間のかかわる個人・組織・社会といったあらゆる個体は，意思決定と情報を前提条件として存続しているとすれば，古今東西常に古くて新しい研究課題であると言える。しかし，「意思決定」ということにとりわけ大きな注目が注がれるようになった時期は，元来計算機械として出現したコンピュータが革命的な情報機械としての進化を遂げた，1960年代以降の情報化の進展と密接不可分な関係を有する。

意思決定と情報は，情報化が1960年代・1970年代のＤＰ化，1980年代・1990年代のＯＡ化，2000年代以降のＩＴ化へと飛躍的な進化を遂げるにつれて，換言すればコンピュータが情報変換機械から情報蓄積機械，情報伝達機械へと大変身を遂げるにしたがって，とりわけ21世紀におけるインターネットの広範な普及につれて，私達の日常生活のあらゆる場面において密接かつ不可分なかかわりを有するようになってきた。

一方，こうした情報化の進展とともに「情報」なる概念も浸透するようになってきた。「情報」という言葉は，第二次大戦以前はわが国においてはもちろんのこと米国においても，主として軍事的な領域において，きわめて特殊なごく限られた狭い範囲で使用されていたが，1960年代以降は企業経営の場面のみならず日常生活のあらゆる場面において見聞きすることが多くなってきている。

「情報」なる用語は，今日の現代社会においては人文科学・社会科学・自然科学を問わずあらゆる学問領域においてみられる。とりわけ，経営学の領域においては，サイモンの「"意思決定"という用語を"経営する"という用語と同意語に用いた方が便利である[26]」，すなわち「経営とは意思決定なり」とい

う名言により，さらに意思決定論の研究にともなって，「意思決定」なる概念が意思決定と情報という対比において捉えられ，広く導入されるに至っている。ここでは，近年における「意思決定と情報」を取り巻く具体的な環境変化として，情報の増大という観点から，情報公開化と情報保護化，決定可視化と情報可視化，意思決定における情報可視化，といった三つの点について考察しておきたい。

2．情報公開化と情報保護化

　第一は，情報公開制度と情報保護制度の確立である。近年における「情報公開制度」や「情報開示制度」のみならず，不思議なことに「情報保護制度」によっても情報が増大するのである。それは，新たに「情報公開」「情報開示」「情報保護」という視点をもつということは，従来は必ずしも情報として認識していなかった「モノ・コト」を情報として認識することが多くなり，結果として情報が増大することになるからである。

　情報公開法は，国の行政機関の保有する情報の公開（開示）請求手続きを定める法律として，1999年5月に公布され，2001年4月に施行されたものである。一方個人情報保護法は，2003年5月に成立し，同じく2年後の2005年4月に施行されたものである。21世紀に入るや否や，いわゆる「個人情報保護」の嵐が日本列島を駆け巡った観がある。

　都市と地方を問わず文字通り日本全国各地の，会社・役所・学校・病院等の，組織という組織，職場という職場において，いわゆる「社員名簿・職員名簿」なるものがほとんど一掃された観がある。一方，家庭においてはかつては日々，どこからともない沢山のダイレクトメールの山で溢れ，各種の執拗な勧誘電話などに悩まされ，相当に忍耐を迫られたが，そうした現象は日本列島を覆った個人情報保護政策の浸透によって完全に影を潜めた。さらに，本来は教育指導上不可欠であるはずの，学校における生徒・学生や保護者の名前や住所，電話などの家庭環境に関する情報も，個人情報保護という名の下に一斉に最高の機密事項となっている。

その反面近年，いわゆる「振り込み詐欺」や「オレオレ詐欺」という何とも古典的な手段による，否見方によってはきわめてハイタッチとハイテクを最高度に組み合わせて悪用したともいえる手法による被害が，甚大かつ急速に拡大して一種社会問題化してきた。こうした現象は，個人情報保護化の嵐と直接的な関係があるか否かは明確ではないが，「個人情報保護」なる政策の下で個人の「情報」の保護には力をいれたが，肝心の「個人」の保護が手薄になったとみることができ，何とも皮肉な状況を呈している。

各種のいわゆる「振り込み詐欺」は，フェイスツーフェイスコミュニケーションが激減した結果，多数の老人がちょうど一種の極端な「隔離状態」，「無防備状態」，否「無菌状態」とでも呼称されうる奇妙な状況下に置かれるようになったところに，昔ながらの古風なフェイスツーフェイスコミュニケーションツールによって，社会構成上一種の虚脱状況下において多発している事件のようにも捉えられる。ともあれ，「情報保護化」によって否応なくかつてないほどに情報についての関心が高まり，ますます情報が増大するに至ったのである。

3．決定可視化と情報可視化

第二は，決定可視化と情報可視化である。情報社会とは本質的に，見ること聞くこと成すことのすべてが情報を基盤として形成され，展開される社会であると言える。換言すれば，かつての工業社会が「実物（実物そのもの）を見て信じる社会」であったとすれば，情報社会は「（実物に関する）情報を見て信じる社会」である。今日の意思決定思考も，ある意味においてこうした捉え方と同じような捉え方である。意思決定という視点から見れば，すべての人間は古今東西，老若男女を問わず，毎日朝起きてから夜寝るまで，否生まれてから死ぬまで意思決定の連続であり，意思決定とのかかわりにおいて生存・存続を許されているのである。

すべての人間は例外なく，毎日・毎時何らかの「モノ・コト（物事・対象・事物・事象・現象・実物・実体)」とのかかわりにおいて生存・存続を許されて

図表51　決定可視化と情報可視化の類型

決定＼情報	不　　視	可　　視
不　　視	決定―情報双方不視化　Ⅳ	Ⅰ　決定不視―情報可視化
可　　視	決定可視―情報不視化　Ⅲ	Ⅱ　決定―情報双方可視化

いるが，多くの場合，そうしたモノ・コトと直接的にかかわっているわけではなく，そうしたモノ・コトを抽象した情報を通して，間接的にモノ・コトとかかわりを有しているのである。そして，意思決定はそうした情報と密接不可分な形でかかわっており，「情報―意思決定―実行」という分析的枠組みにおいて捉えられる。

　ここでは，意思決定における意思決定プロセスの可視化（決定可視化）と，その意思決定プロセスにおいて必要な情報の可視化（情報可視化）の関係について考察しておきたい。「意思決定と情報」のかかわりは，いまこうした「決定の不視化と可視化」，「情報の不視化と可視化」という二つの視点から，きわめて厳密に捉えれば四つに区分することが出来る。図表51「決定可視化と情報可視化の類型」は，こうした観点から捉えた決定可視化と情報可視化の類型を独自に一つの図によって示したものである。

(1)　決定不視―情報可視化

　第1は，決定不視―情報可視化（第Ⅰ象限），すなわち意思決定は不視状態であり，情報は可視状態となっているタイプである。ここでは，意思決定のプロセスは「オレンジボックス」となっており，意思決定にかかわる情報自体は客観的に見える状態となっているが，意思決定自体のプロセスは見えない状態となっている。

　ここでの意思決定は，個別的，相対的とも言えるプロセスを経て実施され，個別的決定，相対的決定と呼称することができる。具体的な例示としては，たとえば自己推薦入試による入学者決定，美人コンテストやミスユニバースコン

テスト，ノーベル賞受賞，個別入札，随意契約，個別契約，お布施決定，慶弔料決定，相対型決定などをあげることができる．

(2) 決定―情報双方可視化

第2は，決定―情報双方可視化（第II象限），すなわち意思決定と情報がともに可視状態となっているタイプである．ここでは，意思決定のプロセスは「ホワイトボックス」となっており，意思決定と情報はともに客観的に見える状態となっている．

ここでの意思決定は，自動的とも言えるプロセスを経て実施され，自動的決定，公開的決定と呼称することができる．具体的な例示としては，たとえば一般入試による入学者決定，公共土木工事の公開入札による受注決定，一般入札，公募採用，競争契約，お天気情報，公募型決定，公開型決定などをあげることができる．

(3) 決定可視―情報不視化

第3は，決定可視―情報不視化（第III象限），すなわち意思決定は可視状態であり，情報は不視状態となっているタイプである．ここでは，意思決定のプロセスは「ブルーボックス」となっており，意思決定は見える状態になっているが，情報は見えない状態になっている．

ここでの意思決定は，推薦的なプロセスを経て実施され，推薦的決定，互恵的決定と呼称することができる．具体的な例示としては，たとえば指定校入試による入学者決定，特定入札，特定契約，機関推薦型決定，叙勲型決定，同好型決定，順送型決定，申込順決定をあげることができる．

(4) 決定―情報双方不視化

第4は，決定―情報双方不視化（第IV象限），すなわち意思決定と情報がともに不視状態となっているタイプである．ここでは，意思決定のプロセスは「ブラックボックス」となっており，意思決定と情報はともに客観的に見えない状態となっている．

ここでの意思決定は，偶然的なプロセスを経て実施され，偶発的決定，抽選的決定と呼称することができる．具体的な例示としては，たとえば抽選入試に

よる入学者決定，宝くじの当たりくじ決定，お年玉年賀はがきの当選番号決定，縁故採用決定，談合入札，特例契約，抽選型決定，縁故型決定をあげることができる。

　以上，「意思決定と情報」とのかかわりについて，決定の不視化と可視化，情報の不視化と可視化という二つの視点から類型化した。ここで，不視化と可視化は，近年特に俗称的には「見える化」「見えない化」というように表現されることが多くなってきている。そこでいま，こうした視点から捉えると，決定の可視化は「決定としての見える化」「決定の見える化」であり，情報の可視化は「情報としての見える化」「情報の見える化」として区別することもできる。

　ここで，上述した四つのタイプの意思決定相互間の関係についてであるが，情報化の進展にともなって全体的には，決定―情報双方不視化（第Ⅳ象限）から決定不視―情報可視化（第Ⅰ象限），決定可視―情報不視化（第Ⅲ象限）へ，また決定不視―情報可視化（第Ⅰ象限）から決定―情報双方可視化（第Ⅱ象限）へ，決定可視―情報不視化（第Ⅲ象限）から決定―情報双方可視化（第Ⅱ象限）へと移行しつつあると言えよう。

　しかし反面，その功罪や光陰，好嫌はともかくとして，個人的・組織的・社会的な実際上の必要性に迫られて，決定―情報双方可視化（第Ⅱ象限）から決定不視―情報可視化（第Ⅰ象限）や決定可視―情報不視化（第Ⅲ象限）へといった，旧来とは大きく異なる方向への移行も必ずしも珍しいことではない。特に近年，こうした面における大学を取り巻く環境変化には著しいものがある。

　たとえば，以前は大学入試と言えば「一般入試」を意味していたが，近年は推薦入試やセンター入試，留学生入試，帰国生入試，帰国子女入試，学業特待生入試，社会人入試といった各種特別入試の拡大によって一般入試による入学者は半数を切っている。一貫校推薦入試，系列校推薦入試・指定校推薦入試・自己推薦入試・スポーツ推薦入試・一芸推薦入試・卒業生子息子女推薦入試・ＡＯ入試（アドミッションズオフィス入試）といった，多種多様な各種推薦入試が我が世の春を謳歌している観もある。

4．意思決定における情報可視化

　第三は，意思決定における情報可視化，情報透明化の要請である。近年，あらゆる分野において情報可視化，情報透明化の嵐が吹きすさんでいる観がある。「皆が知っていることはもはや情報ではない」という情報概念の認識に立てば，情報可視化する対象によっては，本来情報としての価値を有する「モノ・コト」を，見す見す情報としての価値を消失させるという結果を招くことにもなる。情報可視化の推進には言葉上のみならず原理的にも大いなる矛盾を孕んでいる方策も散見されるが，近年のＩＣＴ化によってもたらされた最大のインパクトであろう。

　発端は決して「情報公開」や「情報保護」，「情報認識」という観点から出発したわけではなかったのであるが，私達の生命にかかわる食品偽装・食材偽装・産地偽装から食の安心・安全を確保するための「食品トレーサビリティ運動」を発端として，建築偽装・建材偽装・配合偽装，さらには最近における検察の捜査や取り調べから，消費電力やCO_2（二酸化炭素）といった環境問題に至るまでの，あらゆるモノ・コトに対する「情報可視化」「情報透明化」要求の高まりによって，ここでも好むと好まざるとにかかわらず情報についての関心が高まり，大幅な情報増大となってきている。

　情報化政策の重点は，1960～1970年代の通産省主導によるコンピュータ化，1980～1990年代の郵政省主導によるコミュニケーション化，21世紀の法務省主導によるプロパティー化（情報価値化）へと大きく移行してきている。さらに最近は，情報化政策における大きな目玉として，いわゆる「情報可視化」「情報透明化」政策が推進されつつあり，あらゆる場面においていわゆる「見える化」が叫ばれてきている。目下，たとえば工場の見える化，生産の見える化，営業の見える化，人事の見える化，経営の見える化などへと拡大している。

　しかし，実際的に最も重要なことは，情報可視化の最大の目的は，「情報」の可視化・透明化ではなく「意思決定」の可視化・透明化の要請であることを忘れてはならない。情報可視化は進展したが決定可視化はかえって後退する，といったような事態に陥らないようにしなければならない。とりわけ，先進諸

外国からみれば以前から意思決定の不透明さには定評があるわが国においては尚更のことであろう。

情報可視化に対する要求は，21世紀のいわゆる「ＩＴ化時代」に入ると，20世紀末までとは大きく様変わりして，上述した「行政情報公開」から「個人情報保護」，「食材料可視化」から「葬祭儀可視化」，「各種偽装疑惑」から「インサイダー取引疑惑」，あるいはいわゆる「マニフェスト選挙」から「事業仕分け」まで拡大してきている。私達の日常生活を取り巻くさまざまな領域において，旧来は聖域とされてきた葬儀や祭儀，贈答や謝礼，寸志や心付の領域に至るまで，意思決定と情報の関係は，きわめて具体的かつ詳細なレベルにおける透明化を迫られることになってきている。

第3節　合理的意思決定メカニズム

ここでは，合理的意思決定メカニズム，すなわち合理的意思決定プロセスのフェーズとステップについて考察するが，実際に意思決定を合理的に行うためには，何よりもまず何について意思決定を行うのか，すなわち「意思決定対象」を明確にする必要がある。この意思決定対象が明確にならなければ，当然のことながら意思決定を行なうことは不可能なのである。

このステップは，形式的にはあくまで意思決定プロセスに入る前の準備ステップに過ぎないものであるが，実務感覚的には，意思決定対象が決定されれば意思決定プロセスのかなりの部分が終了したとも言えるほどに，きわめて重要なステップなのである。いま，こうした情況をたとえば論文作成プロセスと対比してみると，形式的には論文作成プロセスとは作成する論文のテーマが確定する以降のことを意味しているが，実際には論文の作成テーマが確定すれば論文作成プロセスの相当部分を終了する，ということと類似している。

したがって当然，この「意思決定対象」を決定するためにも相応の情報が必要となり，相応の意思決定プロセスが不可欠となる。きわめて厳密に言えば，意思決定とは，「意思決定対象」をどのように決定するのかということになる

補　論　合理的意思決定過程の情報可視化　143

図表52　合理的意思決定メカニズム

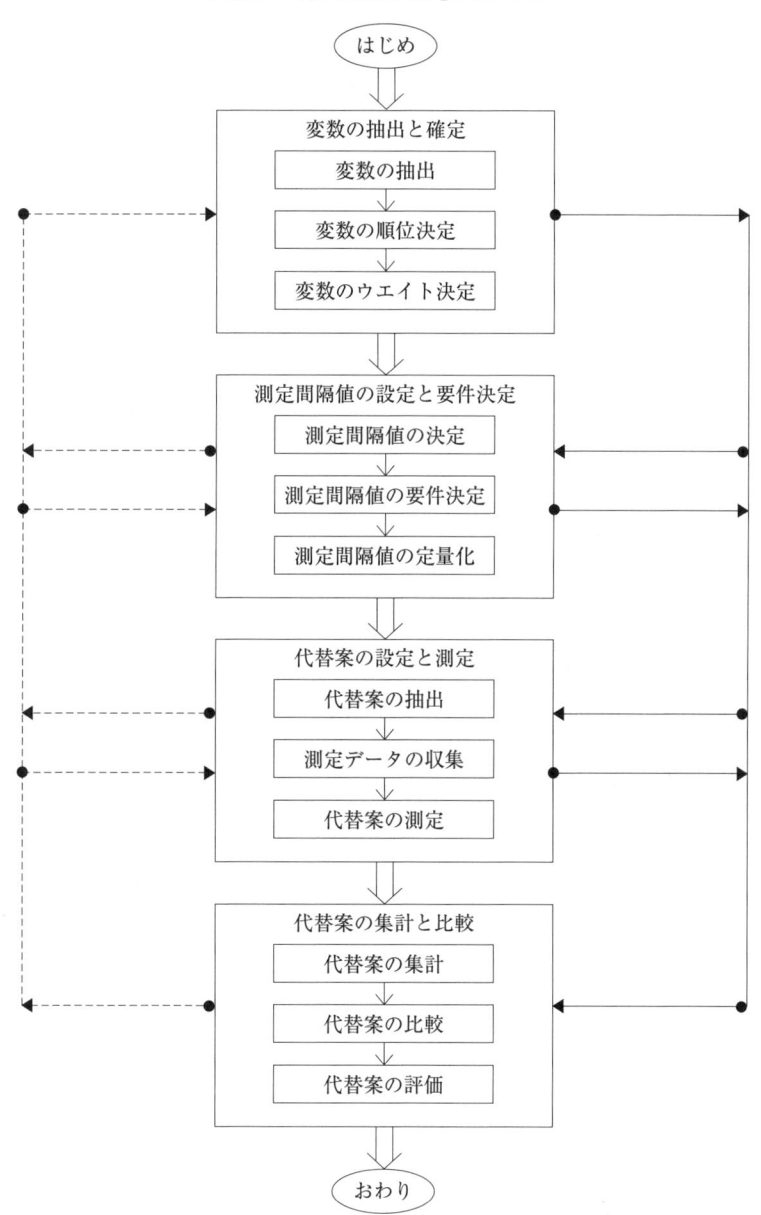

```
                    はじめ
                      ↓
        ┌─────────────────────────┐
        │    変数の抽出と確定      │
        │   ┌─────────────────┐   │
        │   │    変数の抽出    │   │
        │   └─────────────────┘   │
        │          ↓              │
        │   ┌─────────────────┐   │
        │   │  変数の順位決定  │   │
        │   └─────────────────┘   │
        │          ↓              │
        │   ┌─────────────────┐   │
        │   │ 変数のウエイト決定│   │
        │   └─────────────────┘   │
        └─────────────────────────┘
                      ↓
        ┌─────────────────────────┐
        │ 測定間隔値の設定と要件決定│
        │   ┌─────────────────┐   │
        │   │  測定間隔値の決定 │   │
        │   └─────────────────┘   │
        │          ↓              │
        │   ┌─────────────────┐   │
        │   │測定間隔値の要件決定│   │
        │   └─────────────────┘   │
        │          ↓              │
        │   ┌─────────────────┐   │
        │   │ 測定間隔値の定量化│   │
        │   └─────────────────┘   │
        └─────────────────────────┘
                      ↓
        ┌─────────────────────────┐
        │     代替案の設定と測定   │
        │   ┌─────────────────┐   │
        │   │    代替案の抽出   │   │
        │   └─────────────────┘   │
        │          ↓              │
        │   ┌─────────────────┐   │
        │   │  測定データの収集 │   │
        │   └─────────────────┘   │
        │          ↓              │
        │   ┌─────────────────┐   │
        │   │    代替案の測定   │   │
        │   └─────────────────┘   │
        └─────────────────────────┘
                      ↓
        ┌─────────────────────────┐
        │     代替案の集計と比較   │
        │   ┌─────────────────┐   │
        │   │    代替案の集計   │   │
        │   └─────────────────┘   │
        │          ↓              │
        │   ┌─────────────────┐   │
        │   │    代替案の比較   │   │
        │   └─────────────────┘   │
        │          ↓              │
        │   ┌─────────────────┐   │
        │   │    代替案の評価   │   │
        │   └─────────────────┘   │
        └─────────────────────────┘
                      ↓
                    おわり
```

わけである。以下では，こうした「意思決定対象」が確定されているという前提の下で，実際的なあらゆる意思決定対象に対する「合理的な意思決定プロセス」について考察する。

合理的な意思決定プロセスは，大きく変数の抽出と確定，測定間隔値の設定と要件決定，代替案の抽出と測定，代替案の集計と比較，といった四つのフェーズに沿って進められる。図表52「合理的意思決定メカニズム」は，こうした観点から捉えた合理的な意思決定プロセスにおけるフェーズとステップを独自に一つの図によって示したものである。

1. 変数の抽出と確定

第一フェーズは，意思決定にかかわる「変数の抽出と確定」であり，以下の如き三つのステップによって実施される。

(1) 変数の抽出

第1ステップは変数の抽出，すなわち意思決定対象の選定にかかわるすべての「変数（評価尺度）」を抽出することである。「変数」という言葉は，一般的にはほとんど見かけることはないが，学術的には多用される言葉である。変数とは，その内容が決定主体自身や決定主体を取り巻く環境変化によって大きく異なる，あるいは変化する性質を有するモノであると理解されよう。

ここでは，多種多様な代替案の中で，いずれが優先的に選択したい代替案であるかを決定するためにはどのような要因が必要であるかということを，出来る限り体系的かつ網羅的に，測定可能な形で具体的な評価尺度として抽出し決定することが重要である。

このステップにおいて，意思決定と密接に関係を有する要因を認識・識別し，もし最も重要な要因の選定が欠落するような場合には，この変数の抽出後にいかに合理的なプロセスを経て意思決定を行おうとしても，それが叶うことはない。したがって，変数の抽出に当たっては，従来からの慣行や先入観に捕われることなく，また個人的な体験や経験にも過度に制約されることなく，多種多様な観点から体系的かつ系統的，網羅的に，当該の「意思決定対象」に関係を

有すると考えられる変数を沢山抽出することが肝要である。実際問題として，一般的にはきわめて簡単な意思決定対象として捉えられている事柄であっても，詳細に分析して見れば相当の変数がかかわっているものである。

(2) 変数の順位決定

第2ステップは変数の順位決定，すなわち第1ステップにおいて抽出したすべての評価尺度のうちから，意思決定対象の選定に対してより大きな影響を及ぼすものとして考えられる「主要変数（主要評価尺度）」を選択して，その優先順位を決定することである。

抽出した多数の評価尺度は，たとえいずれ劣らぬ重要な要因であったとしても，それらを同時に選択することは不可能なことである。したがって，抽出した評価尺度のうちの主要な評価尺度のすべてについて，意思決定対象に最もかかわりを有するものと考えられる順番に並べて，第1ステップにおいて抽出したすべての変数に関してその優先順位を確定する。

なお，最終的にはたとえいかに優先順位の高い変数であったとしても，第1ステップにおいて抽出したすべての変数が必ず変数候補（評価尺度）として残るとは限らないのである。評価尺度としての変数は，可能な限り具体的に測定することができるものでなければならないので，変数を的確に測定するためのさまざまな方法を考案する必要がある。

しかし，さまざまな工夫をしても実際に測定することが不可能な変数である場合には，変数候補から削除することにならざるを得ないのである。したがって，実際にはすでに測定可能な形でデータが収集整備されているか否か，あるいはデータの入手が容易であるか否かということも，この変数の順位決定に重大な影響を及ぼすことになろう。

(3) 変数のウエイト決定

第3ステップは変数のウエイト決定，すなわち第2ステップにおいて確定した主要評価尺度の優先順位に対する具体的なウエイトを決定することである。当該意思決定対象にかかわる意思決定において，全体，すなわちすべての変数の合計を100％とした場合に，各変数はそれぞれどのくらいのウエイトがある

のか，否意思決定者は各々の変数にどのくらいのウエイトを置いて意思決定を行うのかということである。主要な評価尺度に対する確定した優先順位は，たとえその順位が直近に位置するとしても，その両者のウエイトは比較にならないほどに乖離しているかも知れないのである。

したがって，そうした優先順位の確定した主要な評価尺度のすべてについて，それぞれウエイトを決定する必要がある。沢山の変数を抽出する場合において，優先順位が相当下位に位置する変数の場合には，本当に僅かなウエイトしかないこともある。しかし，第二フェーズの「測定間隔値の設定と要件決定」において見られるように，あらゆる測定評価尺度は測定間隔値が「0（零，ゼロ）」という「絶対要件」をクリアしなければならないために，たとえ変数の優先順位が非常に低くても，あらゆる変数は存在意義を有するのである。

2．測定間隔値の設定と要件決定

第二フェーズは，意思決定にかかわる「測定間隔値の設定と要件決定」であり，以下の如き三つのステップによって実施される。

(1) 測定間隔値の決定

第1ステップは測定間隔値の決定，すなわち代替案を意思決定対象の視点から評価を行なう際の測定段階を決定することである。具体的には，評価の段階について，たとえば2段階にするか，3段階にするか，5段階にするか，7段階にするか，10段階にするかを決定することであるが，それぞれに長短があるので慎重に決定する必要がある。

たとえば，性別が男か女かといったような，測定自体が「2値」や「2値状態」においてしか測定することが出来ないような場合には当然2点尺度となる。また，測定を簡易かつ迅速に行なうためには2点尺度か3点尺度が適している。一方，感情や感覚を測定する場合には，3点尺度を採用すると通常中央値の「2」が選択されることが多く，5点尺度を採用すると通常3が多く中央値近くの「2」や「4」に若干の選択が示されることが多いために，こうした情況を回避するためには7点尺度が適している。さらに，集計とその後の比較検討

を容易にするためには5点尺度や10点尺度が適していると言える。

　ここでは，次の第2ステップにおいて触れる測定間隔値の要件決定が明確に行なわれ，各段階が明確に識別されることが重要であるので，測定間隔値の要件決定とのかかわりにおいて決定する必要がある。一見すると測定間隔値の決定はそれほど重要視する必要はないように見られるが，測定間隔値の取り方によっては，総合評価に対して予想外に大きな影響を及ぼすことがあるので，幾つの測定段階に分けることがより適切であるかを慎重に判断する必要がある。

(2) 測定間隔値の要件決定

　第2ステップは測定間隔値の要件決定，すなわち第三フェーズで取り上げる代替案が第1ステップで決定した各評価尺度のいずれの段階に該当するかについて判断するための「判断基準」を明確にすることである。具体的には，第一フェーズにおいて確定したすべての変数（評価尺度）についてそれぞれ，第1ステップにおいて決定した測定間隔値のすべての各段階に対応する形で，それぞれの判断基準の要件を明確に識別する。

　測定間隔値の要件決定，すなわち判断基準の要件設定は，合理的意思決定プロセスを「意思決定と情報」という観点からみると最も重要なステップである。このステップにおいて最も重要なことは，必ず測定間隔値ごとに異なる適切な要件を識別し，同一要件や重複要件，類似要件が識別されてはならないことである。

　なお，上述した当該測定尺度の測定間隔値が「0（零，ゼロ）」というのは，代替案の選択において他の変数（測定尺度）の値がたとえどのような高い値を示していたとしても，決してその代替案を選択することはないという「絶対要件」のことである。こうした絶対要件は，もちろん普遍的な要件，普遍的な判断基準の設定ということも皆無ではないが，理論的には個々の意思決定主体が置かれている状況によって大きく異なるものと理解されよう。

(3) 測定間隔値の定量化

　第3ステップは測定間隔値の定量化，すなわちすべての測定間隔値の要件決定をできる限り定量的な値にしていくことが望ましい。判断基準は，定性的・

定量的のいずれであっても良いが，代替案の実際の判別作業上における容易さや誤識別を少なくするという観点からは，出来る限り定量的に識別することが望ましい。実際に定量的な形でデータを収集することができなければ，判断基準だけが定量化されても全く意味のないことである。しかし，本来的に定量化されているデータは少ないので，定性的に収集したデータを定量的に捉えるような工夫を考案していくことも重要である。

定性的なデータから定量的なデータへの変換，すなわち質的測定から量的測定への具体的な変換例示としては，たとえば「気温」という判断基準の要件決定において，「非常に高い，高い，普通，低い，非常に低い」といった質的要件から，「30度以上，20～29度，10～19度，0～9度，0度未満」といった量的要件への変更をあげることができる。

3．代替案の設定と測定

第三フェーズは，意思決定にかかわる「代替案の設定と測定」であり，以下の如き三つのステップによって実施される。

(1) 代替案の抽出

第1ステップは代替案の抽出，すなわち複数の対象候補情報を抽出するとともに，その抽出した各対象候補に対してそれぞれ，第二フェーズにおいて決定した要件（判断基準）に照らし合わせて，具体的な評価段階を示す点数によって測定することが可能である水準にまで，詳細なデータの収集の精緻化を図ることである。ここで，すべての対象の中から有力な複数の対象候補を抽出するための簡易な方法としては，旧来からの経験的ないしは直感的・鳥瞰的な方法に依拠する他はない。

なお，代替案の抽出は常に必ず現行システムから抽出することができるとは限らない。現行システムとして存在していない場合や改善・改訂する必要がある場合には，新しい代替案の構想，すなわち複数の対象候補情報を抽出するとともに，その抽出した各代替案に対してそれぞれ，第二フェーズにおいて決定した要件（判断基準）に照らし合わせて，具体的な評価段階を示す点数によっ

て測定することが可能である水準にまで，詳細なデータの収集の精緻化を図ることである。

(2) 測定データの収集

第2ステップは測定データの収集，すなわち第二フェーズにおいて決定したすべての測定間隔値の決定要件（判断基準）に照らして，すべての代替案に対する正確な情報を収集し点検し調査することである。代替案にかかわるすべての測定データは，正確かつ精緻なものであることが望ましい。収集データの精度が低ければ，それに基づいて評価した結果にも，当然重大な悪影響を及ぼすことになるからである。したがって，時間的に許される範囲内において，代替案に関するデータをさまざまな分野・領域から収集し，精査し，分析する必要がある。

(3) 代替案の測定

第3ステップは代替案の測定，すなわち第1ステップにおいて抽出した複数の代替案に対してそれぞれ，第二フェーズにおいて決定した要件（判断基準）に照らし合わせて，具体的な評価段階を示す点数によって測定する。個々の代替案に関して収集したデータを，抽出したすべての変数について，判断基準に基づいて具体的な評価段階の点数を識別する必要がある。

代替案の測定においては，何よりもまず重要なことは代替案自体に関する正確な情報の収集ならびに情報の形成である。代替案に関して収集した情報は，ただ「判断基準」と照らし合わせれば直ちに評価段階の点数が客観的に明示されるとは限らない，否むしろ問題が複雑になればなるほど評価者の的確かつ緻密な判断に依拠する場合も少なくないのである。しかし，そうした場合にも，可能な限り客観的な評価ができるように情報の収集ならびに形成を心がけるべきである。

4．代替案の集計と比較

第四フェーズは，意思決定にかかわる「代替案の集計と選択」であり，以下の如き三つのステップによって実施される。

(1) 代替案の集計

第1ステップは代替案の集計，すなわち第二フェーズの第2ステップにおいて測定した測定点数を集計して総合点を算出するとともに，さらに各測定点数に対してそれぞれ，第一フェーズの第3ステップにおいて決定した各変数のウエイトを掛けて変数ごとの得点を計算し，最後に各代替案についての得点を集計して総合得点を算出することである。

(2) 代替案の比較

第2ステップは代替案の比較，すなわち抽出した代替案のすべてについて，第1ステップにおいて集計し算出した総合得点に基づいて，その総合得点の高いものから順に優先順位をつけて，その上位に位置する対象候補から順番に選択を推進していくことである。これによって理論的・論理的には代替案の選択，すなわち意思決定対象の選択が確定することになる。もちろん実際には，このようなステップによってほぼ自動的に代替案の選択が完了するわけではなく，もう一度経験的かつ直感的な感覚によって再確認する必要があろう。

(3) 代替案の評価

第3ステップは代替案の評価，すなわち選択した代替案について事前評価と事後評価を行う必要がある。これは，いわゆる「フィージビリティスタディ(feasibility study)」と呼ばれ，重大な意思決定対象に対しては必ず不可欠なステップであるが，すべての意思決定対象に対して適用することは実際には相当な困難をともなうことになろう。

以上，「合理的意思決定メカニズム」を四つの実施フェーズと，さらに各フェーズにはそれぞれ三つの実施ステップが含まれるものとして記述したが，各実施フェーズと各実施ステップは，ただ単に第一フェーズから第四フェーズへ，また第1ステップから第3ステップへと一直線に進行するだけではない。各フェーズ相互間や各ステップ相互間は，それぞれフィードフォワード的ならびにフィードバック的な関係において，きわめて密接に関連する形で進めていくことが重要である。

なお，「意思決定対象」の設定は，必ず複数の中から一つを選択する形式を

とることにはなるが，実際には複数の代替案から複数選択し，その選択の順位が重要な意思決定対象となるといったようなことも珍しくないのである。換言すれば，個人であれ組織であれ社会であれ，意思決定対象の選択候補は多数存在するが，それぞれの個体における保有・使用資源には大きな制約があるので，すべての対象を一度に取り上げるわけにはいかない。したがって，実際に対象候補を選定するためには，意思決定対象の選定視点に基づいて，いずれの対象が最も選択を図る意義の大きいものであるかを判断する必要がある。

5．測定尺度の種類と意味

ここで，上述した測定間隔値の評価尺度，すなわち判断基準の要件決定と同様に，否場合によってはそれ以上に重要であるとも言える測定尺度の種類と意味について触れておきたい。代替案の測定を正確に行なって，代替案の比較検討を的確に実施するためには，判断基準の要件決定を測定可能な形で，どのような水準の測定尺度を採用するか，否どのような水準の測定尺度に適合するような要件決定をすることができるか，ということはきわめて重要なことなのである。

測定尺度は，測定機能の低いものから高い順に名称尺度，順序尺度，区間尺度，比率尺度の四つに区分されている。ここで，名称尺度と順序尺度は質的尺度と呼ばれ，区間尺度と比率尺度は量的尺度と呼ばれる。四つの測定尺度は通常，より高次の尺度がより多くの情報を提供し，高次の尺度ほどより高い価値があると言える。

しかし，どのような場合にもただ高次な尺度を採用し適用すれば良いというわけではない。実務的には，測定尺度は測定目標を前提にして，測定対象の特性にしたがって，それに最も適合する尺度を選択するということが肝要であり，各々の特定の対象や事象について利用可能なより高次の尺度を利用する測定システムを開発することが望ましい。以下では，こうした四つの測定尺度について簡単に説明をしておきたい。図表53「測定尺度の種類と意味」は，こうした四つの測定尺度を一つの図によって示したものである。

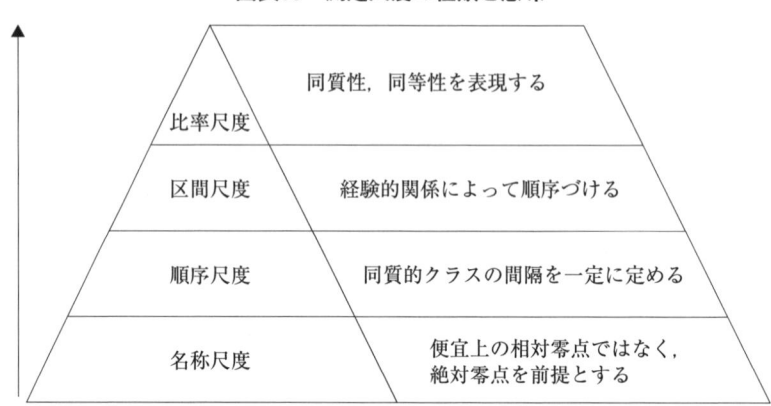

図表53　測定尺度の種類と意味

尺度	意味
比率尺度	同質性,同等性を表現する
区間尺度	経験的関係によって順序づける
順序尺度	同質的クラスの間隔を一定に定める
名称尺度	便宜上の相対零点ではなく,絶対零点を前提とする

(1) 名称尺度

第一は名称尺度（名義尺度，名目尺度）であり，測定対象の同質性・同等性を表現する機能を有する尺度である。これは，同質性に応じて分類してその要素を記号化する尺度である。名称尺度による分類は，種類別の分類を表示しているものであり，数字は任意に設定・変更することができるが，この数字によって四則演算や順序づけの操作をすることはできない。数字は，単なる分類のために機能するだけのものであり，物理学的な測定としては意味をなさないものである。

ただし，たとえば製品名や企業名といった名称のうちで，いわゆる「ブランド」となっているものについては，表面的には単なる名称尺度に過ぎないものであるが，実質的には順序尺度としての機能を果たしているような場合も見られる。

名称尺度の具体例としては次の二つに大別される。一つは，たとえば会社名・大学名・病院名・国名・都道府県名・市町村名・住所・都市名・学部名・氏名・製品名・商品名・銘柄・産業名・列車名といったような具体的な「個体」を識別するための固有名詞である。もう一つは，たとえば列車番号・商品番号・製品番号・クラス番号・銀行口座番号・お得意様番号・ISBN番号・背

番号・電話番号・郵便番号・ＩＤ番号・バス系統番号・都道府県コード・住民基本台帳番号・自動車ナンバー・メールアドレス・パスポートナンバー・クレジットカード番号といったような具体的な「個体」を識別するための識別番号などである。

(2) **順序尺度**

第二は順序尺度（序数尺度）であり，測定対象に対して経験的関係によって順序づける機能を有する尺度である。これは，同質のクラスには同じ数字の割り当てをする尺度である。順序尺度による分類は，たとえば「大変大きい，大きい，普通，小さい，大変小さい」，あるいは「非常に明るい，より明るい，普通，より暗い，非常に暗い」といった形で表現することになる。順序尺度においては，数字の割り当ては単に対象の分類のためだけではなく，順序の指定に用いられる順序指定だけである。したがって，対象間の比率をとる場合にも両者の間隔差は問題にしていないし，四則演算をすることは不可能である。

順序尺度の具体例としては，たとえばダイヤモンドや白金などの鉱物硬度，お米や野菜などの農産物等級，毛皮や毛織物などの衣料品等級，お酒やウイスキーの等級，列車や航空機の等級，星の明るさ等級，眼鏡の度数，競技レースの着順，競輪・競馬の着順，クラスの成績順位，申込順位，検定試験の級数，柔道・剣道の段数，地震の震度，売上順位などがあげられる。

(3) **区間尺度**

第三は区間尺度（間隔尺度，距離尺度）であり，対象の同質的クラスの間隔を一定に定めることのできる尺度である。これは，各目盛が等間隔である場合には，ある一定の範囲においては加減算を行うことは可能であるが，比率計算は意味をなさないものである。区間尺度には，絶対零点（度）が存在していなくて，零点は習慣的なものとして置かれており，便宜上任意に決定されている。「相対零点」と呼称されており，対象の有無としての「無」とは関係を有しないものである。

区間尺度の具体例としては，たとえば温度（摂氏，華氏），時間，曜日，日付，西暦年号，時刻，成績評価段階（たとえばＡＡ，Ａ，Ｂ，Ｃ，ＸＸ，Ｘ），成績

評価段階（甲，乙，丙，あるいは優，良，可）などがあげられる。

(4) 比率尺度

第四は比率尺度（比例尺度，比尺度）であり，便宜上の相対零点ではなく，絶対零点を前提とする尺度である。これは，完全に四則演算が可能な尺度である。測定尺度を使用する場合に注意を要することは，判断基準の要件決定において，たとえば「〇〇～〇〇」，「〇〇～〇〇」といった区分の表示において，必ず前後が連続した数値になっていなければならないということである。また，「以下」「以上」「未満」などの区分には，その連続性に特に注意を払う必要がある。

比率尺度の具体例としては，たとえば長さ・重さ・深さ・高さ・広さなどの数値，年数・月数・日数，時間（長さ），個数，幅・奥行き，距離・速度，百分率比（％），面積，容積，体積，回数，家屋の階数，階段の段数，記憶容量，金額，価格，身長，体重，年齢，売上金額，利益，就学年数，居住年数，飛行時間などがあげられる。

第4節 「賃貸住宅選定」の合理的意思決定過程

1.「合理的意思決定」の意味と意義

意思決定論の観点から，いわゆる「情報―意思決定―実行（情報処理―意思決定―実行行動）」という一連の意思決定サイクルとして捉えれば，「意思決定には情報が必要である」，否「あらゆる意思決定は情報に基づいてなされる」，ということは異論のないところである。しかし，より正確かつ厳密に言えば，意思決定が情報に基づいて行われる必要性が大きいのは，よりいっそう「合理的な意思決定」を行なうためであると言える。

ここで，「合理的な」という意味は，意思決定者にとって最も合目的的かつ理知的な意思決定であることを意味している。これは最狭義には，意思決定を行なった意思決定者自身が，その自ら行なった意思決定について後から振り返った場合に，そうした意思決定がどのようなプロセスにおいて，どのような

判断基準によって，どのような情報に基づいて，どのような情報がどのようなことを示していたから，どのように意思決定を行ったのかということについて，具体的な形で検証することができるということを意味する。

しかしこの点は，一般的に捉えられていることとは異なり，また合理的意思決定においてはその「合理的」という言葉通りではなく，必ずしも絶対条件ではない。それは，たとえ合理的な意思決定を行ったからといっても，必ずあらゆる場合に実際に成功するというものではなく，また成功が約束されているというものでもないからである。

したがって，「合理的な」という真の意味は，意思決定について後日いつでもなぜそのような意思決定を行ったのかということについて，具体的に検証可能なレベルにおいて説明することができるということであると理解されよう。そこでいま，個人的決定を取り上げれば，意思決定を行なう決定主体としての特定の「個人」の意思に，よりいっそう忠実な意思決定を行なうことであると言える。

(1) 意思決定自体にかかわる「情報可視化」

そしていま，近年におけるいわゆる「情報可視化」という観点から捉えれば，合理的な意思決定は，「意思決定自体」と「情報自体」の二つの情報可視化にかかわる。そして，意思決定自体にかかわる情報可視化は，以下の三つの意味における「情報可視化」「情報透明化」であると理解されよう。

第一は，意思決定の決定主体の明確化である。これは，意思決定は誰によって行なわれたのか，意思決定にかかわったすべての個人について，「情報」として検証可能な形で明確かつ明白になっていること，換言すれば意思決定主体の情報可視化である。

第二は，意思決定の決定対象の明確化である。これは，意思決定は何に対して行なわれたのか，意思決定にかかわったすべての対象について，「情報」として検証可能な形で明確かつ明白になっていること，換言すれば意思決定対象の情報可視化である。

第三は，意思決定の決定過程の明確化である。これは，意思決定はどのよう

なプロセスにおいて実施されたのか，意思決定を行ったすべてのプロセスについて，「情報」として検証可能な形で明確かつ明白になっていること，換言すれば意思決定過程の情報可視化である。

(2) 情報自体にかかわる「情報可視化」

以上は，「意思決定自体」にかかわる点であるが，意思決定には情報が不可欠であり，さらにあらゆる意思決定は情報に基づいて行なわれるので，「情報自体」についても以下の三つの意味における「情報可視化」「情報透明化」であると理解されよう。

第一は，意思決定における使用情報対象の明確化である。これは，意思決定はどのような情報対象に基づいてなされたのか，意思決定にかかわったすべての情報対象について，「情報」として検証可能な形で明確かつ明白になっていること，換言すれば意思決定において使用した情報対象の情報可視化である。

第二は，意思決定における使用情報対象のウエイトの明確化である。これは，意思決定において使用される情報はどのようなウエイトにおいて使用されたのか，意思決定にかかわったすべての情報のウエイトについて，「情報」として検証可能な形で明確かつ明白になっていること，換言すれば意思決定において使用した情報のウエイトの情報可視化である。

第三は，意思決定における使用情報対象の情報内容の明確化である。これは，意思決定はどのような情報内容に基づいてなされたのか，意思決定にかかわったすべての情報内容について，「情報」として検証可能な形で明確かつ明白になっていること，換言すれば意思決定において使用した情報内容の情報可視化である。

以下では，沢山の人が日常生活上において経験している「賃貸住宅選定」という具体的な意思決定事例を取り上げて，合理的な意思決定プロセスの分析からみた「情報」という観点から，私達にとって実際に「何が情報であるのか」，私達は具体的に何を情報として認識しているのか，否私達は実際に何を情報として認識しなければならないのか，ということを明確にしたい。なお，具体的な意思決定事例とは言っても，ここでは一般的な仮定の例示であり，文字通り

実際の事例ではないことをお断りしておきたい。

2．賃貸住宅選定における選択要因の抽出

　すでに述べたように，以下では私達の日常生活上で恐らく誰もが一度は直面するであろう，「賃貸住宅選定」にかかわる意思決定を取り上げることにしたい。かつての高度経済成長時代においては，地方から都市に大挙して人口が流入してきたが，そこでの最大の問題はまずは住居を確保することであった。

　それは，今日の国際化時代にあっても同様なことであろう。見知らぬ異国に来て何よりもまず決定しなければならないことは，それぞれの状況に適合する住居の確保であろう。もちろん，インターネット化時代の今日では，すでに自国において自由自在に留学先の「賃貸住宅情報」にも精通することは可能であり，実際にもそのような形で行なわれてきていることであろう。

　ともあれ，学生であれビジネスマンであれ観光旅行でもなければ，異国における生活形成の第一歩は，いわゆる「衣食住」のうちで「衣」と「食」は取りあえず何とかなるので，最優先の課題は「住」，すなわち「賃貸住宅の選定」であり，その選定の如何によっては選択のリスクも大きいことであろう。そこでいまここでは，たとえば上海から東京へ来た一人の留学生の，「賃貸住宅選定」にかかわる合理的な意思決定過程における情報の問題として取り扱うことにしたい。

　合理的な意思決定プロセスの第一歩は，賃貸住宅選定の意思決定にかかわる要因を捉えることになる。賃貸住宅の選定にかかわる一般的な要因は，賃貸条件，交通環境，住宅要件，設備状況，生活環境の五つに大別することができる。そして，こうした賃貸住宅の実際の選定に際しては，具体的要因としては次のような要件がかかわることになろう。

　賃貸条件としては，たとえば賃貸料，敷金，礼金，賃貸期間，更新条件，保証人の必要性などがあげられる。交通環境としては，たとえば通学時間，最寄り駅，最寄り駅までの距離・時間・交通手段（徒歩便かバス便か），最寄り駅から通学先やアルバイト先までのアクセスなどがあげられる。住宅要件としては，

たとえば住宅種別，建物階数，住宅階数，築年数，日当たり，間取り，収納スペース，鍵（オートロックか否か），二重安全ドア，居住人数制限，居住者性別制限（女性専用か否か），管理人，住宅所有者などがあげられる。

さらに，設備状況としては，たとえばバス，トイレ，洗濯機，冷蔵庫，冷暖房機器，給湯設備，ガス施設，テレビ受信装置，エレベータなどがあげられる。生活環境としては，たとえば住宅所在地，スーパーまでの距離，コンビニまでの距離，駐輪場施設，駐車場施設，最寄駅周辺環境，住居周辺環境，繁華街までの距離などがあげられる。

以上，「賃貸住宅選定」の意思決定にかかわる賃貸住宅選定の多種多様な変数，すなわち選択要因を抽出したが，これは，先述した合理的意思決定メカニズムにおける第一フェーズ「変数の抽出と確定」の第1ステップ「変数の抽出」に相当する。そこで続いて，第2ステップ「変数の優先順位決定」，第3ステップ「変数のウエイト決定」へ進むことになる。

第1ステップでは，「賃貸住宅選定」の意思決定において何らかのかかわりがあるものと考えられる限りの多数の変数を抽出した。第2ステップでは，そうした変数のうちで実際に意思決定をする情況を想定して，優先順位が高く，しかも実際に測定可能であるか否かという観点から，変数を優先順位の高い順に並べる。第3ステップでは，主要な変数を選んで，意思決定に関係する要因全体を100と捉えて各変数のウエイトを決定する。ここでは，最重要変数として10個の変数を選択し，簡略化するために便宜上その合計を100%とし，実際には存在するその他の変数は削除する。

以上，賃貸住宅選定における選択要因の抽出，すなわち主要変数とそのウエイト付けの過程について詳述したが，ここにおける「情報」とは，抽出した変数，その優先順位，ならびにウエイトの三つを指しており，こうした三つの選定のいかんによって，賃貸住宅選定の意思決定にきわめて重大な影響を及ぼすものと理解されよう。

補　論　合理的意思決定過程の情報可視化

図表54　主要変数の測定間隔値の要件

変　数	ウエイト	測定間隔値 0	1	2	3	4	5
賃貸料	40%	20万円超過	20～16万円	15～9万円	9～8万円	8～7万円	7万円未満
通学時間	14%	3時間超過	180～90分	90～60分	60～30分	30分未満	徒歩で通学
駅からの時間	14%	1時間超過	60～30分	徒歩30～15分	徒歩15～8分	徒歩8～3分	徒歩3分未満
周辺の環境	8%	田舎, 遠隔地	買い物が不便	近くにコンビニ	小市場, スーパー	アパート, 病院, 図書館	市役所, 学校, 市民センター
部屋の階数	5%	地下	1F	2F	3F	4F	5F以上
日当たり	5%	窓なし	日当たりなし	夕日のみ	朝日のみ	正午のみ	終日
バス, トイレ	5%	別棟トイレ	共用式	バスなし	ユニットバス	バス, トイレ別	脱衣所付バス
築年数	3%	築50年超過	築50～10年	築10～5年	築5～2年	築2年未満	新築
建物の種別	3%	キャンプ構造	木造アパート	軽量鉄骨アパート	マンション	テラスハウス	一戸建て
間取り	3%	ホームステイ	ワンルーム	1DK	2K	2DK	2LDK以上
合計	100%						

3．賃貸住宅選定における判断基準の設定

次に，賃貸住宅選定の判断基準，すなわち上述した変数を具体的に測定するための判断基準を決定することになるが，これは，先述した合理的意思決定メカニズムにおける第二フェーズ「測定間隔値の設定と要件決定」に相当する。第1ステップは「測定間隔値の決定」であるが，ここでは一般的な測定間隔値は5段階（5点尺度）において評価することにしたい。第2ステップは「測定間隔値の要件決定」，すなわち判断基準の設定であるが，ここでは先に抽出した10個の主要変数についてそれぞれ，設定した5段階の測定尺度の測定要件を具体的かつ詳細な形で設定するということである。

図表54「主要変数の測定間隔値の要件」は，賃貸住宅選定の選択要因として抽出した10個の主要変数の測定間隔値の要件（判断基準）を一つの図表にまとめて示したものである。図表54における測定間隔値の「零（0，ゼロ）」は，すでに述べたように当該要件に関する絶対要件，すなわちこの基準をクリアしなければ，たとえ他の変数に対する測定値がすべて最高値でクリアしたとしても選択することはないという要件である。なお，ここにおける「情報」とは，選択する測定間隔値と，その個々の主要変数ごとのすべての要件の二つを指しており，その選定のいかんによって測定データの正確性に重大な影響を及ぼすものと理解されよう。

4．賃貸住宅選定における代替物件の抽出

続いて，先述した合理的意思決定メカニズムにおける第三フェーズ「代替案の抽出と測定」に進み，その第1ステップ「代替案の抽出」，第2ステップ「測定データの収集」，第3ステップ「代替案の測定」に進むことになる。こうした一連のステップは，実際にはそれほど簡単なステップではなく，膨大な資料収集や資料比較のために多大な時間を必要とする。無数にある賃貸住宅物件の中から，代替案となるに相応しい複数の賃貸物件を抽出しなければならないのである。

ここではまず，膨大な賃貸物件の中からどのようにして複数の代替物件を抽

出するか，具体的に何件の代替物件を抽出するかということが大きな問題である。時間をかければキリがないことであり，さりとていい加減に抽出すれば，本当は最も適した物件が代替案として抽出されないことになるのである。

　実際上の経験からみれば，人間は通常は膨大な物件の中からある一定の時間によって，ある程度妥当な代替案を抽出することができるようである。否代替案の抽出は最終的にはそういった「鳥瞰」「直観」とでも呼びうる能力に頼ること以外に方策はないのかも知れないのである。しかし，そうした方策を可能とするためには，常時さまざまな事柄に対して注意深い関心をもっていなければ成し得ないことであろう。

　ともあれ，幾つかの代替案の抽出に続いて，それらの代替案についての正確な情報を収集し，判断基準に基づいて代替案を正確かつ厳密に測定する必要がある。ここにおける測定も，的確な意思決定を行うためにはきわめて重要なステップである。もし，代替案に関するデータ自体が正確でなければ，当然の如くその測定結果も正確ではない。他方，たとえデータが正確であっても，代替案のデータは必ずしも判断基準と正確に対照するような形にはなっていないことも多いので，その測定結果が正確になされるとは限らないのである。

　図表55「代替物件の概要」は，主要変数からみた三つの代替物件の概要を一つの表にまとめて示したものである。こうした三つの代替物件は，新聞の折込チラシやパンフレット，店頭パネル，インターネットのサイトなどにおいて多様な形で見られる，無数の賃借住宅物件紹介データから，直感的ないしは鳥瞰的な方法によって選択したものであり，統一的な形式において表示したものである。

　ここに示した三つの代替物件は，後の集計においてその相異が一見して明確にわかるような形で，意図的に大きく異なる物件を抽出したが，実際にはもっと細かく異なる相異物件が抽出されることであろう。なお，ここにおける「情報」とは，抽出された代替案，各代替案に関して収集された測定データ，代替案に関する測定値の三つを指しているものと理解されよう。

図表55　代替物件の概要

変　数 ＼ 代替案	A物件	B物件	C物件
賃貸料	10万2千円	7万7千円	6万円
通学時間	徒歩で通える	1時間以内	30分以内
駅からの時間	7分	10分	7分
周辺の環境	小市場，スーパー	近くのコンビニ	デパート，病院，図書館
部屋の階数	3階	2階	2階
日当たり	夕日のみ	終日	終日
バス，トイレ	バス，トイレ別	バス，トイレ別	ユニットバス
築年数	9年	9年	11年
建物の種別	軽量鉄骨アパート	アパート	アパート
間取り	2DK	2DK	2K

5．賃貸住宅選定における代替物件の比較検討

　最後に，先述した合理的意思決定メカニズムにおける第四フェーズ「代替案の集計と選択」に進み，その第1ステップ「代替案の集計」，第2ステップ「代替案の比較」，第3ステップ「代替案の評価」に進むことになる。こうした一連のステップは本来，ここに至るステップが確実になされていれば，ほとんど自動的に進めていくことができるものである。しかし，実際には代替案の比較評価を実施して最後の仕上げを行う重要なステップである。

　図表56「代替物件の比較」は，図表54と図表55の二つの表を基にして作成されたものであり，第三フェーズにおける第1ステップの「代替案の集計」を行った結果を一つの表にまとめて示したものである。図表56における「得点」は，第三フェーズの第2ステップにおいて測定した測定点数に対して，第一フェーズにおいて決定したウエイトを掛けて算出したものである。最後に，各代替物件の得点を集計して総合得点が算出される。

　こうして，本事例における合理的な意思決定としては，総合得点が「4.09」と最も高い「C物件」を選択することになるのである。なお，ここにおける

図表56　代替物件の比較

変　数	測定区分 ウエイト	A物件 点数	A物件 得点	B物件 点数	B物件 得点	C物件 点数	C物件 得点
賃貸料	40%	2	0.80	4	1.60	5	2.00
通学時間	14%	5	0.70	3	0.42	4	0.56
駅からの時間	14%	4	0.56	3	0.42	4	0.56
周辺の環境	8%	3	0.24	2	0.16	4	0.32
部屋の階数	5%	3	0.15	2	0.10	2	0.10
日当たり	5%	2	0.10	5	0.25	5	0.25
バス，トイレ	5%	4	0.20	4	0.20	3	0.15
築年数	3%	2	0.06	2	0.06	1	0.03
建物の種別	3%	2	0.06	1	0.03	1	0.03
間取り	3%	4	0.12	3	0.09	3	0.09
合　計	100%	31	2.99	29	3.33	32	4.09

「情報」とは，代替案の集計結果，代替案の比較結果，代替案の評価の三つを指しているものと理解されよう。

結

　以上，合理的意思決定過程の情報可視化について，日常生活上大半の人が一度は経験するであろう「賃貸住宅選定」にかかわる意思決定事例を取り上げて，そこにおける「情報」とは何かということについて考察した。最初に記述したように，サブタイトルにおいて意思決定の具体的な事例分析といった表題にはなっているが，きわめて簡略化した形で例示的に示したものである。それは，ここで取り上げた事例そのものに何らかの大きな意味があるわけではなく，あくまで「意思決定における情報可視化」という命題を具体的かつ例示的な形で示すことに重点が置かれている。

私達の日常生活は，毎日意思決定の連続であるので，こうした「賃貸住宅の選定」といったような意思決定について，決定可視化や情報可視化という問題意識の下で取り組むこと，ましてや実際に代替案の比較検討図表などを作成するといったような形で取り組むことは，有り余った時間を有し，特別に変わったような人間でもなければまったく有り得ないことであろう。事実，私達人間はこのような変数で表示されるような問題であるならば，瞬時に頭の中で比較検討図表を描いて的確に解決していることであろう。

　通常，こうした「個人的決定」にかかわる意思決定の場合には，基本的に誰かの承認を得なければならないような事柄は少なく，自らの責任において意思決定を行い，その結果は自ら責任を負うことになるのである。人間はあらゆる事柄についてそのすべてを詳細に記憶しておくなどということは到底不可能なことである。もし将来，たとえば「何故このような意思決定をしたのであろうか」などといったような，意思決定の結果について自ら疑念を感じるような事態が発生した場合には，こうした意思決定過程を客観的な形で明確に残しておくことはきわめて有用なことであろう。

　個人的決定の場合にはともかくとして，組織的決定や社会的決定の場合には，たとえいかに完璧な意思決定であったとしても，かならず誰かの承認や評価を得なければならない「宿命」になっているのである。言葉上は，上司は部下に対してたとえば「君に任せる」「君の思い通りにやってみろ」などと言ったとしても，あらゆる場合に「ホー・レン・ソー（報告・連絡・相談）」は不可欠なプロセスなのである。

　一般社員・幹部社員・最高首脳の別なく，いかなる組織人も例外なく，少なくとも「例外処理」の場合には，自らの分析・企画・構想の具体的な計画内容について，上司や関連先に対して適宜「ホー・レン・ソー」を通して，十分な説明・説得を図りながら確実に理解と承認を得なければならないのである。こうした場合には，上述したような意思決定過程における決定可視化と情報可視化について十分な配慮が不可欠であろう。

　1960年代以降情報化の進展は留まるところを知らない。情報化とは，今日的

な「ＩＴ」なる言葉を用いて表現すれば，個人・組織・社会，自宅・企業・政府，学校・会社・役所，製造会社・流通会社・販売会社における，「情報技術（Information Technology：ＩＴ）の革新」と「情報思考（Information Thinking：ＩＴ）」の展開である。換言すれば，情報化はこうした二つのＩＴが，相乗的かつ相互補完的に車の両輪となって進展していくものであると言える。

　ここで，情報技術の革新とその普及については，たとえばパソコンからモバイルパソコン，テレビからネットテレビ，電話から携帯電話，GPS（Global Positioning System：全地球測位システム）からカーナビ，ケータイからスマートフォン，さらには書籍から電子書籍への発展を目の当たりにして，大多数の人々が日々経験的に実感しているところである。一方，情報思考の構築とその展開については，今日の情報化社会に至っても，大学生はもちろんのこと一般社会人においても未だ十分に理解されるには至っていないと言っても過言ではない。

　しかし，情報シーズとしての情報技術がいかに進化しても，情報ニーズとしての情報思考がうまく構想されなければ，情報化は進展していかないのである。「意思決定と情報」という分析的枠組みにおいて問題解決を図るためには，問題解決のその場その場において，まずそれぞれの場面における「意思決定とは何か」「情報とは何か」という命題について深く考察する必要がある。

文献資料編

1. 引用文献

〈第1章〉

1) Adrian M. McDonough, *Information Economics and Management Systems*, McGraw-Hill, 1963.（長阪精三郎訳『情報の経済学と経営システム』好学社, 1966年12頁。）
2) Norbert Wiener, *Cybernetics*, 2nd ed., The MIT Press, 1961.（池原止戈夫他訳『サイバネティックス〔第2版〕』岩波書店, 1962年, 159頁。）
3) 梅棹忠夫『情報の文明学』中央公論社, 1988年, 193頁。
4) Adrian M. McDonough, 前掲書1), 78頁。
5) Fritz Machlup, *The Production and Distribution of Knowledge in the United States*, Princeton University Press, 1962.（高橋達男・木田宏監訳『知識産業』産能大出版部, 1969年, 15頁。）
6) John A. Beckett, *Management Dynamics*, McGraw-Hill, 1971.（安田寿明訳『人間の尊重と経営システム』日刊工業新聞社, 1971年, 128頁。）
7) Claude E. Shannon & Warren Weaver, *The Mathematical Theory of Communication*, The University of Illinois Press, 1964.（長谷川淳他訳『コミュニケーションの数学的理論』明治図書, 1969年, 46頁。）

〈第5章〉

8) Arthur D. Hall, *A Methodology for Systems Engineering*, D. Van Nostrand, 1962.（熊谷三郎監訳『システム工学方法論』共立出版, 1969年, 73頁。）
9) Jack A. Morton, *Organizing for Innovation*, Bell Telephone Laboratories, 1970.（高橋達男訳『革新のエコロジー』産能大出版部, 1970年, 21頁。）
10) Norbert Wiener, *The Human Use of Human Beings*, Houghton Mifflin, 1949.（池原止戈夫訳『人間機械論』みすず書房, 1954年, 122頁。）
11) Chester I. Barnard, *The Functions of The Executive*, Harvard University, 1938.（山本安次郎他訳『新訳経営者の役割』ダイヤモンド社, 1968年, 67頁, 85頁。）
12) Alfred D. Chandler, *Strategy and Structure*, The MIT Press, 1962.（三菱経済研究所訳『経営戦略と組織』実業之日本社, 1967年, 29頁。）
13) Adrian M. McDonough, 前掲書1), 72頁。
14) Herbert A. Simon, *The New Science of Management* Decision, 3rd ed., Prentice-Hall, 1977.（稲葉元吉・倉井武夫訳『意思決定の科学』産業能率短期

大学出版部，1979年，55-56頁。）
15) Herbert A. Simon, 同上書，5-6頁。
16) G. Anthony Gorry & Michael S. Scott Morton, "*A Framework for Management Information Systems*," Sloan Management Review, Fall 1971. in Alfred Rappaport, ed., *Information for Decision Making; Quantitative and Behavioral Dimensions*, 2nd ed., Prentice-Hall, 1975, PP.21-23.
17) H. Igor Ansoff, Corporate Strategy; An Analytic Approach to Business Policy for Growth and Expansion, McGraw-Hill, 1965, PP5-6.
18) Herbert A. Simon, *The New Science of Management Decision*, Prentice-Hall, 1960, p.1.
19) 坂本賢三「情報概念形成の科学思想史的背景」『思想』第551号，岩波書店，1970年5月，17頁。

〈第8章〉
20) 有安健二編著『オンデマンド・ロジスティクス』ダイヤモンド社，2004年，60頁。
21)「日本経済新聞」2009年6月11日（木）朝刊。
22) 日本情報処理開発協会編『情報化白書2006』増進堂，2006年，85頁。

〈補　論〉
23) Herbert A. Simon, 前掲書14)，55-56頁。
24) Herbert A. Simon, 同上書，5-6頁。
25) G. Anthony Gorry & Micheal S. Scott Morton, 前掲書16)，pp.21-23.
26) Herbert A. Simon, 前掲書18)，p.1.

2. 参考文献

1. 洋　書
    1) A. G. Donald, *Management, Information and Systems*, Pergamon Press, 1967. (野々口格三・竹内一樹訳『経営・情報・システム―経営のための新しい常識―』鹿島出版会, 1969年)
    2) A. H. Maslow, *Motivation and Personality*, Harper & Row, 1954. (小口忠彦監訳『人間性の心理学』産業能率短期大学出版部, 1971年)
    3) Adrian M. McDonough, *Information Economics and Management Systems*, McGraw-Hill, 1963. (長阪精三郎訳『情報の経済学と経営システム』好学社, 1966年)
    4) Alvin Toffler, *The Third Wave*, William Morrow, 1980. (鈴木健次・桜井元雄他訳『第三の波』日本放送出版協会, 1980年)
    5) Arthur D. Hall, *A Methodology for Systems Engineering*, D. Van Nostrand, 1962. (熊谷三郎監訳『システム工学方法論』共立出版, 1969年)
    6) Bernard Girard, *The Google Way*, No Starch Press, 2009. (三角和代・山下理恵子『ザ・グーグルウェイ―The Google Way―』ゴマブックス, 2009年)
    7) C. L. Littlefield & Frank M. Rachel, *Office and Administrative Management; System Analysis, Data Processing, and Office Service*, 2nd ed., Prentice-Hall, 1964.
    8) C. L. Littlefield & Frank Rachel & Donald L. Caruth, *Office and Administrative Management ; Systems Analysis, Data Processing, and Office Services*, 3rd ed., Prentice-Hall, 1970. (鵜沢昌和監訳『新管理者ハンドブック―事務管理の変容と新展開―』日本経営出版会, 1971年)
    9) C. L. Littlefield, Frank M. Rachel, and Donald L. Caruth, Robert E. Holmes, *Management of Office Operations*, 4th ed., Prentice-Hall, 1978.
    10) Carl Hilty, *Gluck ; Zweiter Teil*, Huber & Co, 1891. (草間平作・大和邦太郎訳『幸福論（第二部）』岩波書店, 1962年)
    11) Charles G. Schoderbek & Peter P. Schoderbek & Asterios G. Kefalas, *Management Systems : Conceptual Considerations*, Revised ed., Business Publications, 1980. (鈴木幸毅・西賢祐・山田一生監訳『マネジメント・システム―概念的考察（第2版）』文眞堂, 1983年)
    12) Chester I. Barnard, *The Functions of The Executive*, Harvard University, 1938. (山本安次郎・田杉競・飯野春樹訳『新訳経営者の役割』ダイヤモンド社, 1968年)
    13) Claude E. Shannon & Warren Weaver, *The Mathematical Theory of*

Communication, The University of Illinois Press, 1949.
14) Claude Elwood Shannon & Warren Wiever, *The Mathematical Theory of Communication*, The University of Illinois Press, 1964.（長谷川淳・井上光洋共訳『コミュニケーションの数学的理論』明治図書, 1969年）
15) Clifford Stoll, *Silicon Snake Oil ; Second Thoughts on the Information Highway*, Doubleday, 1995.（倉骨彰『インターネットはからっぽの洞窟』草思社, 1997年）
16) David Frisby & Derek Sayer, *Society*, Ellis Horwood and Tavistock, 1986.（大鐘武『社会とは何か』恒星社厚生閣, 1993年）
17) Donella H. Meadows, Dennis L. Meadows, Jorgen Randers, and William W. Behrens III, *The Limits to Growth; A Report for THE CLUB OF ROME'S Project on the Predicament of Mankind*, Universe Books, 1972.（大来佐武郎監訳『成長の限界―ローマ・クラブ「人類の危機」レポート―』）ダイヤモンド社, 1972年）
18) D. H. Meadows & L. M. Meadows & J. Randers, *Limits to Growth ; The 30 Year Update*, Earthscan, 2004.（枝廣淳子訳『成長の限界―人類の選択―』, ダイヤモンド社, 2005年）
19) Daniel Bell, *The Coming of Post-Industrial Society ; A Venture in Social Forecasting*, Basic Books, 1973.（内田忠夫他訳『脱工業社会の到来―社会予測の一つの試み―』ダイヤモンド社, 1975年）
20) David K. Berlo, *The Process of Communication ; An Introduction to Theory and Practice*, Holt, Rinehart and Winston, 1960.（布留武郎・阿久津嘉弘訳『コミュニケーション・プロセス―社会行動の基礎理論―』協同出版, 1972年）
21) David Lyon, *The Information Society ; Issues and Illusions*, Polity Press, 1988.（小松崎清介監訳『新・情報化社会論』コンピュータエージ社, 1990年）
22) Fritz Machlup, *The Production and Distribution of Knowledge in the United States*, Princeton University Press, 1962.（高橋達男・木田宏監訳『知識産業』産業能率短期大学出版部, 1969年）
23) G. Anthony Gorry & Michael S. Scott Morton, "*A Framework for Management Information Systems*," Sloan Management Review, Fall 1971
24) Gordon B. Davis, *Management Information Systems ; Conceptual Foundations, Structure, and Development*, McGraw-Hill, 1974.
25) H. Igor Ansoff, *Corporate Strategy*, McGraw-Hill, 1965.
26) Herbert A. Simon, *The New Science of Management Decision*, Harper & Brothers Publishers, 1960.（坂本藤良監訳『コンピュータと経営』日本生産性本部, 1964年）
27) Herbert A. Simon, *The Sciences of The Artificial*, The MIT Press, 1969.（倉井武夫・稲葉元吉・矢矧晴一郎訳『システムの科学（第二版）』ダイヤモンド社,

1970年）
28) Herbert A. Simon, *The New Science of Management Decision*, 3rd ed., Prentice-Hall, 1977.（稲葉元吉・倉井武夫訳『意思決定の科学』産業能率短期大学出版部, 1979年）
29) Herbert S. Dordick & Georgette Wang, *The Information Society ; A Retrospective View*, Sage Publications, 1993.
30) Hugh Mackay, Wendy Maples and Paul Reynolds, *Investigating the Information Society*, The Open University, 2001.（田畑暁生訳『入門情報社会の社会科学』NTT出版, 2003年）
31) Jack A. Morton, *Organizing for Innovation*, Bell Telephone Laboratories, 1970.（高橋達男訳『革新のエコロジー』産業能率短期大学出版部, 1970年）
32) James. C. Abegglen, *The Japanese Factory : Aspects of Its Social Organization*, The MIS Press, 1958.（山岡洋一訳『日本の経営（新訳版）』日本経済新聞社, 2004年。）
33) James W. Cortada, *Making the Information Society ; Experience, Consequences, and Possibilities*, Prentice Hall, 2002.
34) Jay W. Forrester, *Industrial Dynamics*, The MIT Press, 1961.（石田晴久・小林秀雄訳『インダストリアル・ダイナミックス』紀伊国屋書店, 1971年）
35) Jeff Javis, *What Would Google Do?*, Haper Collins Publishers, 2009（早野依子訳『グーグル的思考―Googleならどうする？』PHP研究所, 2009年）
36) Jennifer Daryl Slack & Fred Fejes, *The Ideology of the Information Age*, Ablex Publishing, 1987.（岩倉誠一・岡山隆監訳『神話としての情報社会』日本評論社, 1990年）
37) Jessica Lipnack & Jeffrey Stamps, *Networking*, Ron Bernstein Agency, 1982.（社会開発統計研究所訳『ネットワーキング』プレジデント社, 1984年）
38) Joe de Rosnay, *Le macroscope*, Editions du Seuil, 1975.（明畠高司訳『グローバル思考革命』共立出版, 1984年）
39) Johanna Neuman, *Lights, Camera, War*, St. Martin's Press, 1996.（北山節郎訳『情報革命という神話』柏書房, 1998年）
40) John A. Beckett, *Management Dynamics ; The New Synthesis*, McGraw-Hill, 1971.（安田寿明訳『人間の尊重と経営システム』日刊工業新聞社, 1972年）
41) John Feather, *The Information Society ; A Study of Continuity and Change*, Library Association Publishing, 1994.（高山正也・古賀節子訳『情報社会をひらく―歴史・経済・政治―』勁草書房, 1997年）
42) Kenneth E. Boulding, *Conflict and Defence*, Harper & Row, 1962.（内田忠夫・衛藤濱吉訳『紛争の一般理論』ダイヤモンド社, 1971年）
43) Kenneth E. Boulding, *The Meaning of the Twentieth Century ; The Great*

Transition, Haper & Row, 1964．(清水幾太郎訳『20世紀の意味―偉大なる転換―』岩波書店，1967年)

44) Kenneth E. Boulding, *Beyond Economics ; Essays' on Society, Religion, and Ethics*, The University of Michigan, 1968．(公文俊平訳『経済学を超えて―社会システムの一般理論―』竹内書店，1970年)

45) Langdon Morris, *Permanent Innovation : The Difinitive guide to the Principles, Strategies, and Methods of Successful Innovators*, Innovation Academy, 2006．(宮正義訳『イノベーションを生み続ける組織―独創性を育む仕組みをどうつくるか―』日本経済新聞社，2009年)

46) Ludwig von Bertalanffy, *General Systems Theory*, George Braziller, 1968．(長野敬・太田邦昌訳『一般システム理論』みすず書房，1973年)

47) M. Mitchell Waidrop, *Complexity*, Sterling Lord Literistic, 1992．(田中三彦・遠山峻征訳『複雑系』新潮社，1996年)

48) Mark Buchanan, *Nexus ; Small Worlds and the Groundbreaking Science of Networks*, W. W. Norton & Company, 2002．(阪本芳久訳『複雑な世界，単純な法則―ネットワーク科学の最前線―』草思社，2005年)

49) Michael S. Scott Morton ed., *The corporation of The 1990S ; Information Technology and Organizational transformation*, Oxford University Press, 1991．(宮川公男・上田泰監訳『情報技術と企業変革――MIT から未来企業へのメッセージ』㈱富士通経営研修所，1992年)

50) Milton Friedman & Rose D. Friedman, *Free to Choose ; A Personal Statement*, Harcourt Brace Jovanovich, 1980．(西山千明訳『選択の自由―自立社会への挑戦―』日本経済新聞社，1980年。)

51) Niklas Luhmann, *Einfuhrung in die Systemtheorie*, Carl-Auer-Systeme Verlag, Heidelberg, 2002．(土方透監訳『システム理論入門―ニクラス・ルーマン講義録(1)―』新泉社，2007年)

52) Norbert Wiener, *The Human Use of Human Beings ; Cybernetics and Society*, Houghton Mifflin, 1949．(池原止戈夫訳『人間機械論―サイバネティックスと社会―』みすず書房，1954年)

53) Norbert Wiener, *Cybernetics ; or Control and Communication in the Animal and the Machine*, 2nd ed., The MIT Press, 1961．(池原止戈夫・弥永昌吉・室賀三郎・戸田巌訳『サイバネティックス―動物と機械における制御と通信―〔第2版〕』岩波書店，1962年)

54) Paul E. Torgersen, *A Concept of Organization*, American Book, 1968．(岡田和秀・高沢十四久訳『C. I. バーナードの組織概念』白桃書房，1973年)

55) Peter F. Drucker, *Managing in the Next Society*, Tuttle-Mori Agency, 2002．(上田淳生訳『ネクスト・ソサエティ』ダイヤモンド社，2002年)

56) Peter P. Schoderbek, ed., *Management Systems*, John Wiley & Sons, 1967. (穴吹義教・井上恒夫・藤沢忠・本多正久訳『マネジメント・システム (上)(下)』産業能率短期大学出版部, 1971年)
57) R. Buckminster Fuller, *Operating Manual for Spaceship Earth*, Southern Illinois University Press, 1969. (東野芳明訳『宇宙船「地球」号』ダイヤモンド社, 1972年)
58) Raymond McLeod, Jr. & George Schell, *Management Information Systems*, 8th ed., Prentice-Hall, 2001.
59) Richard A. Johnson & Fremont E. Kast & James E. Rosenzweig, *The Theory and Management of Systems*, 2nd ed., McGraw-Hill, 1967. (横山保監訳『システムの理論とマネジメント』日本生産性本部, 1971年)
60) Robert Boguslaw, *The New Utopians*, Prentice-Hall, 1965. (大友立也訳『システムの生態』ダイヤモンド社, 1972年)
61) Robert Kirk Mueller, *Corporate Networking*, The Free Press, 1986. (寺本義也・金井壽宏訳『企業ネットワーキング』東洋経済新報社, 1991年)
62) Robert Newton Anthony, *Planning and Control Systems; A Framework for Analysis*, Harvard University, 1965. (高橋吉之助訳『経営管理システムの基礎』ダイヤモンド社, 1968年)
63) Satoshi Watanabe, *Information in Scientific Thought*, Place de Fontenoy, 1970.
64) Stanford L. Optner, *System Analysis for Business and Industrial Problem Solving*, Prentice-Hall, 1965. (石田武雄訳『経営問題解決のためのシステム論』同文館, 1966年)
65) Stanford L. Optner, *Systems Analysis for Business Management*, 2nd ed., Prentice-Hall, 1968. (植木繁訳『経営のためのシステム分析入門』日本能率協会, 1969年)
66) Stanford L. Optner, *Systems Analysis for Business Management*, 3rd ed., Prentice-Hall, 1975. (鵜沢昌和監訳『ビジネス・システムの分析と設計』産業能率短期大学出版部, 1976年)
67) Stephen Haag & Maeve Cummings & Donald J. McCubbrey, *Management Information Systems for the Information Age*, 3rd ed., McGraw-Hill, 2002.
68) Thomas J. Allen & Michael S. Scott Morton, ed., *Information Technology and The Corporation of The 1990S ; Research Studies*, Oxford University Press, 1994. (富士総合研究所訳『アメリカ再生の「情報革命」マネジメント――MITの新世紀企業マネジメント・レポートに学ぶ』白桃書房, 1995年)
69) Walter Buckley, *Sociology and Modern Systems Theory*, Prentice-Hall, 1967. (新睦人・中野秀一郎訳『一般社会システム論』誠信書房, 1980年)
70) *Webster's Third New International Dictionaly*, G & C MERR IAM Co., 1981.

71) Kimberly S. Young, *Caught in the Net by Kimberly*, John Wiley & Sons, 1998. (小田嶋由美子訳『インターネット中毒』毎日新聞社，1998年)
72) Thomas Robert Malthus, *An Essay on the Principle of Population:As It Affects the Future Improvement of Society, with Remarks on the Speculations of Mr. Godwin*, M. Condorcet, and Other Writers, London : Printed for J.Johnson, in St. Paul's Church-yard:1798. (斉藤悦則訳『人口論』光文社，2011年)
73) Carl Hilty, *Glück*, Erster Teil, Zweiter Teil, Dritter Teil.(草間平作・大和邦太郎訳『幸福論（第一部）（第二部）（第三部）』岩波書店，1935年，1962年，1965年)
74) Carl Hilty, *Für, Schlaflose Nächte*, 1901. (草間平作・大和邦太郎訳『眠られぬ夜のために（第一部）（第二部）』岩波書店，1973年)
75) Herman Kahn, *The Emerging Japanese Superstate Challenge and Response*, Prentice-Hall, 1970. (坂本二郎・風間禎三郎訳『超大国日本の挑戦』ダイヤモンド社，1970年)
76) A. D. Chandler, Jr., *Strategy and Structure*, The MIT Press, 1962. (三菱経済研究所訳『経営戦略と組織』実業之日本社，1967年)
77) William Exten, Jr., *The Age of Systems:The Human Dilemma*, AMA, 1972.
78) Robert G. Murdick & Joel E. Ross, *Information Systems for Modern Management*, Prentice-Hall, 1971
79) Stanley Milgram, *The Small World Problem*, Psychology Today, May 1967. (野沢慎司・大岡栄美訳「小さな世界問題」野沢慎司編・監訳『リーディングスネットワーク論―家族・コミュニティ・社会関係資本―』勁草書房，2006年)
80) Nicholas A.Christakis & James H. Fowler, *Connected : The Surprising Power of Our Social Networks and How They Shape*, Our Lives, 2009. (鬼澤忍訳『つながり―社会的ネットワークの驚くべき力―』講談社，2010年)
81) Blaise Pascal, *Pensées*『パンセ（瞑想録）（上巻）』新潮社，1952年
82) William H. Davidow, *Overconnected : The Promise and Threat of the Internet*, 2011. (酒井泰介訳『つながりすぎた世界―インターネットが広がる"思考感染"にどう立ち向かうか―』ダイヤモンド社，2012年)
83) Lynda Gratton, *Work Shift*, 2011. (池村千秋訳『ワーク・シフト―孤独と貧困から自由になる働き方の未来図"2025"』プレジデント社，2012年)
84) James Gleick, *The Information*, Ink Well Management, LLC, 2011. (楡井浩一訳『インフォメーション―情報技術の人類史―』新潮社，2013年)
85) Lisa Gansky, *The Mesh,Penguin Group*, 2010. (実川元子訳『メッシュ―すべてのビジネスはシェアになる―』徳間書店，2011年)
86) John Seely Brown & Paul Duguid, *The Social Life of Information*, Harvard Business School Press, 2000. (宮本喜一訳『なぜＩＴは社会を変えないのか』日本経済新聞社，2002年)

87) Carl Shapiro & Hal R. Varian, *Information Rules*, Harvard Business School Press, 1998.（千本倖生監訳『ネットワーク経済の法則』IDG コミュニケーション，1999年）
88) *The Economist, Megachange : The World in 2050, The Economist Newspaper, 2012*.（東江一紀・峯村利哉訳『2050年の世界―英"エコノミスト"誌は予測する―』文藝春秋，2012年）
89) Nicholas Carr, *The Shallows*, 2010.（篠儀直子訳『ネット・バカ―インターネットがわたしたちの脳にしていること―』青土社，2010年）
90) Albert-Laszlo Barabasl, *Linked : The New Science of Networks*, Albert-Laszlo Barabasi, 2002.（青木薫訳『新ネットワーク思考』日本放送出版協会，2002年）

2．和　書
01) 青木正一『物流のしくみ』同文館出版，2009年
02) 秋山哲『情報経済新論』ミネルヴァ書房，2001年
03) 阿倍真也『流通情報革命』ミネルヴァ書房，2009年
04) 新睦人・中野秀一郎『社会システムの考え方』有斐閣，1981年
05) 逢沢明『ネットワーク思考のすすめ』PHP 研究所，1997年
06) 有安健二編著『オンデマンド・ロジスティクス』ダイヤモンド社，2004年
07) 伊藤守・西垣通・正村俊之編『パラダイムとしての社会情報学』早稲田大学出版部，2003年
08) 岩永忠康・佐々木保幸編著『流通と消費者』慶應義塾大学出版会，2008年
09) 犬塚先『情報社会の構造』東京大学出版会，2006年
10) 小椋康宏編著『経営学原理（第二版）』学文社，2002年
11) 尾関周二『環境と情報の人間学』青木書店，2000年
12) 大平号声・栗山規矩『情報経済論入門』福村出版，1995年
13) 奥野卓司『第三の社会』岩波書店，2000年
14) 折笠和文『高度情報化社会の諸相』同文館，1996年
15) 加藤秀俊『人生にとって組織とはなにか』中央公論社，1990年
16) 黒木貞夫『社会システム概論』文芸社，2001年
17) 児島和人編『社会情報』東京大学出版会，1999年
18) 国領二郎・野中郁次郎・片岡雅憲『ネットワーク社会の知識経営』NTT 出版，2003年
19) 小松崎清介「情報化の計量に関する一考察」『情報通信学会誌』第4巻第2号，1986年
20) 小林宏「"効率化" 運動の目的とツール」『マネジメント臨時増刊号』第26巻第12号，1967年11月
21) 坂本賢三「情報概念形成の科学思想史的背景」『思想』第551号，1970年5月

22) 柴山哲也『"情報人"のすすめ』集英社，2001年
23) 島矢志郎『情報産業』日本経済新聞社，1970年
24) 佐藤典司『"情報消費社会"のビジネス戦略』経済産業調査会，2007年
25) 須藤修『複合的ネットワーク社会』有斐閣，1995年
26) 澤井敦・小林修一・菅野博史・千川剛史・鈴木智之『現代社会理論と情報』福村出版，1996年
27) 三上俊治『社会情報学への招待』学文社，2005年
28) 社会情報システム学コロキウム編『社会情報システム学・序説』富士通経営研修所，1996年
29) 田村紀雄『"在宅化"社会』ダイヤモンド社，1992年
30) 村山恵一『IT帝国の興亡』日本経済新聞社，2009年
31) 森下伸也『社会学がわかる事典』日本実業出版社，2000年
32) 中島洋編著『クラウドコンピューティングバイブル』ジョルダンブックス，2009年
33) 松林光男・渡部弘編著『工場のしくみ』日本実業出版社，2004年
34) 鶴木真編『はじめて学ぶ社会情報論』三嶽書房，1995年
35) 福田豊『情報化のトポロジー』お茶の水書房，1996年
36) 朴容寛『ネットワーク組織論』ミネルヴァ書房，2003年
37) 林俊郎編『社会情報への眼』一藝社，2002年
38) 林雅之『クラウド・ビジネス入門』創元社，2009年
39) 林雄二郎『情報化社会』講談社，1969年
40) 仲本秀四郎『ネットワークの世界』読売新聞社，1998年
41) 吉見俊哉・花田達朗編『社会情報学ハンドブック』東京大学出版会，2004年
42) 中島文雄・寺沢芳雄共編『英語語源小辞典』研究社，1970年
43) 向坊長英『哲学入門』産業能率短期大学出版部，1977年
44) 吉村融・犬田充編『現代のエスプリ：情報化社会』第46号，1970年
45) 中村秀一郎『系列を越えて』NTT出版，1992年
46) 経済審議会情報研究委員会『日本の情報化社会』ダイヤモンド社，1969年
47) 通商産業省『情報化へ向かって』コンピュータ・エージ社，1969年
48) 国土庁計画調査局編『21世紀情報化と国土』大蔵省印刷局，1985年
49) 経営能力開発センター編『経営学の基本』中央経済社，2006年
50) 経営能力開発センター編『経営用語・キーワード』中央経済社，2007年
51) 東京大学公開講座第13巻『情報』東京大学出版会，1971年
52) 東京大学公開講座第39巻『情報化と社会』東京大学出版会，1984年
53) 野村総合研究所『ITロードマップ（2010年版）』東洋経済新報社，2009年
54) 野村総合研究所『これから情報・通信市場で何が起こるのか（2010年版）』東洋経済新報社，2010年

55) 野村総合研究所『仮想世界ロードマップ』東洋経済新報社，2009年
56) 日本経営学会編『情報化の進展と企業経営』千倉書房，1987年
57) 日本経営学会編『IT革命と企業経営』千倉書房，2003年
58) 日本経営教育学会編『経営教育ハンドブック』同文舘，1990年
59) 日本経営教育学会編『経営教育論』中央経済社，2009年
60) 前野和久『情報社会論(上)(下)』砂書房，1994年，1995年
61) 松石勝彦編著『情報ネットワーク社会論』青木書店，1994年
62) 松石勝彦編著『情報ネットワーク経済論』青木書店，1998年
63) 林紘一郎『ネットワーキングの経済学』NTT出版，1989年
64) 林紘一郎『ネットワーキング情報社会の経済学』NTT出版，1998年
65) 今井賢一『情報ネットワーク社会』岩波書店，1984年
66) 今井賢一・金子郁容『ネットワークの組織』第一法規出版，1989年
67) 今井賢一『情報ネットワーク社会の展開』筑摩書房，1990年
68) 梅棹忠夫「情報産業論」『中央公論』第78巻第3号，1963年3月
69) 梅棹忠夫『情報の文明学』中央公論社，1988年
70) 梅棹忠夫『情報論ノート』中央公論社，1989年
71) 北川敏男編『情報科学への道』共立出版，1966年
72) 北川敏男編著『社会と情報』日本放送出版協会，1968年
73) 北川敏男『情報学の論理』講談社，1969年
74) 北川敏男『情報科学の視座』共立出版，1970年
75) 北川敏男・加藤寛他編『情報社会科学への視座』学習研究社，1971年
76) 北川敏男・加藤寛他編『情報社会科学の構成』学習研究社，1979年
77) 小林末男責任編集『新・経営行動科学辞典』創成社，1996年
78) 小林末男監修『現代経営組織辞典』創成社，2006年
79) 増田米二『情報社会入門』ぺりかん社，1968年
80) 増田米二『情報経済学』産業能率短期大学出版部，1976年
81) 増田米二『原典情報社会』TBSブリタニカ，1985年
82) 公文俊平『社会システム論』日本経済新聞社，1978年
83) 公文俊平『情報文明論』NTT出版，1994年
84) 公文俊平『文明の進化と情報化』NTT出版，2001年
85) 公文俊平『情報社会学序説』NTT出版，2004年
86) 公文俊平編『情報社会』NTT出版，2003年
87) 公文俊平編著『ネティズンの時代』NTT出版，1996年
88) 森本三男『経営学入門』同文舘出版，1982年
89) 森本三男編著『経営組織』中央経済社，1985年
90) 森本三男『経営組織論』日本放送出版協会，1987年
91) 森本三男『企業社会責任の経営学的研究』白桃書房，1994年

92) 吉田民人・加藤秀俊・竹内郁郎『社会的コミュニケーション』培風館，1967年
93) 吉田民人「情報・資源・自己組織性」ディメンジョン研究会編『創造する組織の研究』講談社，1989年
94) 吉田民人『自己組織性の情報科学』新曜社，1990年
95) 吉田民人『情報と自己組織性の理論』東京大学出版会，1990年
96) 吉田民人・鈴木正仁編著『自己組織性とはなにか』ミネルヴァ書房，1995年
97) 涌田宏昭編著『コンピュータ科学と経営情報（改訂版）』白桃書房，1983年
98) 涌田宏昭編著『OA教科書』有斐閣，1984年
99) 涌田宏昭編著『経営情報科学総論』中央経済社，1986年
100) 涌田宏昭編著『ネットワーク社会と経営』中央経済社，1998年
101) 森川信男『システムと情報』学文社，2005年
102) 森川信男『オフィスとテレワーク』学文社，2005年
103) 森川信男『経営システムと経営情報』学文社，2006年
104) 森川信男『コンピュータとコミュニケーション』学文社，2006年
105) 森川信男『社会システムと社会情報』学文社，2009年
106) 森川信男『情報革新と経営革新』学文社，2011年
107) 森川信男『情報革新と組織革新』学文社，2011年
108) 森川信男編著『ビジネスコミュニケーションの基礎理論』学文社，2005年
109) 森川信男編著『IT革命と企業経営』学文社，2009年
110) 森川信男編著『中小企業の企業連携』学文社，2013年

3．拙稿論文目録（青山学院大学研究誌関係）

0）1972年1月，単著「C. L. リトルフィールドのオフィス・マネジメント―新旧著の比較研究―」『青山学院大学大学院経営学研究科修士論文（森川信男）』青山学院大学間島記念図書館所蔵，1-406頁
1）1975年3月，単著「システム概念の本質理解のためのアプローチ(1)」『青山社会科学紀要』第3巻第2号，83-98頁
2）1975年9月，単著「システム概念の本質理解のためのアプローチ(2)」『青山社会科学紀要』第4巻第1号，125-138頁
3）1977年3月，単著「一般システム理論の形成過程と構築方法(1)」『青山経営論集』第11巻第4号，119-142頁
4）1977年6月，単著「一般システム理論の形成過程と構築方法(2)」『青山経営論集』第12巻第1号，70-91頁
5）1977年9月，単著「一般システム理論の形成過程と構築方法(3)」『青山経営論集』第12巻第2号，37-59頁
6）1977年11月，単著「一般システム理論の形成過程と構築方法(4)」『青山経営論集』第12巻第3号，64-85頁
7）1978年3月，単著「経営学部・商学部における情報処理教育の現状と課題―関東地区主要14大学の調査結果―」『青山経営論集』第12巻第4号，103-126頁
8）1978年6月，単著「経営情報に関する一考察―情報要求に関するシステム的考察―」『青山経営論集』第13巻第1号，97-120頁
9）1978年12月，単著「情報システムの基本概念」『青山経営論集』第13巻第3号，66-85頁
10）1980年11月，単著「組織と情報システムの分析的枠組み(1)」『青山経営論集』第15巻第2・3合併号，445-479頁
11）1981年11月，単著「組織と情報システムの分析的枠組み(2)」『青山経営論集』第16巻第2・3合併号，121-145頁
12）1982年3月，単著「経営学部・商学部における情報処理教育の実態―全国35大学の調査結果―」『青山経営論集』第16巻第4号，39-72頁
13）1982年11月，単著「経営意思決定と情報システム―わが国製造企業187社の調査結果―」青山学院大学『論集』第23号，147-165頁
14）1983年11月，単著「情報システム部門の変容―その役割と組織上の位置づけ―」青山学院大学『論集』第24号，241-263頁
15）1983年12月，単著「組織における情報システムの発展」『青山コンピュータサイエンス』第11巻第2号，27-47頁
16）1984年12月，単著「組合における情報活動のあり方―中小企業協同組合におけ

る情報提供事業のための基盤整備—」『青山コンピュータサイエンス』第12巻第2号，1-32頁
17) 1985年11月，単著「中小企業協同組合における情報活動の基本的あり方—中小企業協同組合における情報活動の有機的結合—」『青山経営論集』第20巻第2・3合併号，465-499頁
18) 1985年12月，単著「先進組合事例情報の創出—提供メカニズム(1)—全国中小企業団体中央会による組合資料収集加工事業の現状と課題—」『青山コンピュータサイエンス』第13巻第2号，13-38頁
19) 1987年1月，単著「先進組合事例情報の創出—提供メカニズム(2)—全国中小企業団体中央会による組合資料収集加工事業の現状と課題—」『青山コンピュータサイエンス』第14巻第2号，57-70頁
20) 1987年11月，単著「情報システムとしての組織—組織における情報システムの本質—」青山学院大学『論集』第28号，119-236頁
21) 1988年1月，単著「先進組合事例情報の創出—提供メカニズム(3)—全国中小企業団体中央会による組合資料収集加工事業の現状と課題—」『青山コンピュータサイエンス』第16巻第1号，41-66頁
22) 1988年11月，単著「中小企業団体における情報ネットワーク化ニーズ—中小企業団体中央会の"中央会情報ネットワーク"に関するニーズ調査結果—」青山学院大学『論集』第29号，173-191頁
23) 1989年11月，単著「銑鉄鋳物製造業におけるOA化の現状—㈳日本鋳物工業会の"銑鉄鋳物製造業におけるコンピュータの導入・活用状況"に関する調査結果—」青山学院大学『論集』第30号，165-182頁
24) 1990年6月，単著「情報化の基本概念」『青山経営論集』第25巻第1号，283-305頁
25) 1990年11月，単著「情報ネットワーク対象業務の選定視点」青山学院大学『論集』第31号，171-186頁
26) 1991年9月，単著「中小企業協同組合における情報ネットワーク化の成功要因—全国中小企業団体中央会の"先進組合事例情報"から見た—」『青山経営論集』第26巻第2号，89-118頁
27) 1991年11月，単著「コンピュータの発展」青山学院大学『論集』第32号，123-143頁
28) 1992年11月，単著「情報化とニューオフィス化—情報化の進展に伴うオフィス環境の変革—」青山学院大学『論集』第33号，125-144頁
29) 1993年11月，単著「ネットワークの基本概念」青山学院大学『論集』第34号，101-120頁
30) 1995年11月，単著「情報化の進展と経営組織—経営資源の流れから見たシステムとしての組織と組織間関係—」『青山経営論集』第30巻第3号，51-78頁

31）1995年12月，単著「情報化の進展と情報的価値」青山学院大学『論集』第36号，205-220頁
32）1996年11月，単著「情報ネットワーク化と在宅化―オフィスの革新と在宅化の進展―」『青山学院大学論集』第37号，73-88頁
33）1997年11月，単著「テレコミューティングの必要性と必然性」青山学院大学『論集』第38号，65-80頁
34）1998年3月，単著「情報ネットワーク化とオフィス環境の革新」（青山学院大学総合研究所経営研究センター研究叢書第8号）『情報ネットワーク社会における企業経営の諸問題』青山学院大学総合研究所経営研究センター，81-115頁
35）1998年11月，単著「テレコミューティングの光と影―テレコミューティングの導入による個人・組織・社会におけるメリットとデメリットの可能性―」青山学院大学『論集』第39号，93-108頁
36）2000年11月，単著「システムの基本概念」青山学院大学『論集』第41号，63-87頁
37）2000年12月，単著「システム構成の特性―システムとしてのコンピュータ―」『青山経営論集』第35巻第3号，37-53頁
38）2001年7月，単著「テレコミューティングの本質的意味―情報ネットワーク化の進展に伴う就業形態の多様化に係わる概念的検討―」『青山経営論集』第36巻第1号，17-37頁
39）2004年7月，単著「ワークプレイスから見たオフィスの多様化(1)」『青山経営論集』第39巻第1号，1-37頁
40）2004年9月，単著「ワークプレイスから見たオフィスの多様化(2)」『青山経営論集』第39巻第2号，41-73頁
41）2004年12月，単著「ワークプレイスから見たオフィスの多様化(3)」『青山経営論集』第39巻第3号，85-105頁
42）2005年3月，単著「ワークプレイスから見たオフィスの多様化(4)」『青山経営論集』第39巻第4号，85-105頁
43）2005年7月，単著「コンピュータビジネスをめぐる主役の変遷」『青山経営論集』第40巻第1号，75-99頁
44）2005年9月，単著「コミュニケーションの本質と変容」『青山経営論集』第40巻第2号，15-43頁
45）2005年12月，単著「コンピュータの発展段階からみたIT時代」『青山経営論集』第40巻第3号，55-70頁
46）2006年3月，単著「コンピュータの発展段階からみたDP & OA時代」『青山経営論集』第40巻第4号，79-103頁
47）2006年7月，単著「組織環境の本質と変容」『青山経営論集』第41巻第1号，151-177頁

48) 2006年9月，単著「情報革新と社会変革」『青山経営論集』第41巻第2号，45-74頁
49) 2006年12月，単著「情報処理機械の類型と発展」『青山経営論集』第41巻第3号，19-44頁
50) 2007年3月，単著「情報処理機械の複合化」『青山経営論集』第41巻第4号，81-104頁
51) 2007年9月，単著「"情報"の本質」『青山経営論集』第42巻第2号，41-70頁
52) 2007年12月，単著「情報化社会の社会形成原理」『青山経営論集』第42巻第3号，85-113頁
53) 2007年12月，単著「聖書に学ぶ」『青山経営論集』第42巻別冊，1-29頁
54) 2008年1月，共著「中小企業政策と中小企業情報化施策の変遷」『青山スタンダード論集』第3号，265-299頁
55) 2008年2月，編著『中小企業組合の情報化＜IT革命と企業経営：ITビジネス・IT企業・IT産業プロジェクト研究成果中間報告論集1＞』青山学院大学総合研究所社会科学研究部，1-108頁
56) 2008年2月，編著『中小企業組合の情報化（実態調査編）＜IT革命と企業経営：ITビジネス・IT企業・IT産業プロジェクト研究成果中間報告論集2＞』青山学院大学総合研究所社会科学研究部，1-133頁
57) 2008年3月，単著「情報化社会の基本思考基盤」『青山経営論集』第42巻第4号，65-94頁
58) 2008年9月，共著「中小企業組合の情報化―「中小企業組合情報化実態調査」の相関分析結果からみた―」『青山経営論集』第43巻第2号，29-62頁
59) 2008年12月，共著「中小企業組合のIT化―地域活性化先進組合事例からみたIT活用領域とIT活用内容―」『青山経営論集』第43巻第3号，41-75頁
60) 2008年12月，単著「聖書に学ぶⅡ」『青山経営論集』第43巻別冊，1-33頁
61) 2009年1月，共著「中小企業組合における情報化の現状と課題―「中小企業組合情報化実態調査」の単純集計分析結果からみた―」『青山スタンダード論集』第4号，245-285頁
62) 2009年3月，単著「ICT化とバーチャル化社会」『青山経営論集』第43巻第4号，87-115頁
63) 2009年7月，単著「ICT化と経営革新」『青山経営論集』第44巻第1号，67-93頁
64) 2009年12月，単著「ICT化と社会革新」『青山経営論集』第44巻第3号，45-68頁
65) 2009年12月，単著「聖書に学ぶⅢ」『青山経営論集』第44巻別冊，1-24頁
66) 2010年7月，共著「中小企業組合における農商工連携の現状と課題―「農商工連携実施組合実態調査」の単純集計分析結果からみた―」『青山経営論集』第45

巻第1号，129-158頁
67) 2010年9月，共著「中小企業組合における農商工連携―中小企業組合と農林漁業者の連携事例からみた―(1)」『青山経営論集』第45巻第2号，219-245頁
68) 2010年12月，共著「中小企業組合における農商工連携―中小企業組合と農林漁業者の連携事例からみた―(2)」『青山経営論集』第45巻第3号，123-150頁
69) 2010年12月，単著「合理的意思決定過程の情報可視化―日常生活上の意思決定事例からみた"情報"―」『青山経営論集』第45巻別冊，1-26頁
70) 2011年3月，編著『中小企業組合における農商工連携＜中小企業の企業連携：組織的・産業的・地域的・国際的連携研究プロジェクト研究成果中間報告論集1＞』青山学院大学総合研究所社会科学研究部，1-120頁
71) 2011年9月，単著「ホームページからみた"学会組織"の情報化―学会組織におけるホームページ設計事例からみた"学会情報化の課題"―(1)」『青山経営論集』第46巻第2号，21-46頁
72) 2011年9月，共著「地域活性化に貢献する中小企業組合の現状と課題―中小企業の企業連携としての「中小企業組合」による地域活性化―(1)」『青山経営論集』第46巻第2号，47-73頁
73) 2011年12月，共著「地域活性化に貢献する中小企業組合の現状と課題―中小企業の企業連携としての「中小企業組合」による地域活性化―(2)」『青山経営論集』第46巻第3号，101-128頁
74) 2011年12月，単著「ホームページからみた"学会組織"の情報化―学会組織におけるホームページ設計事例からみた"学会情報化の課題"―(2)」『青山経営論集』第46巻第3号，129-150頁
75) 2011年12月，単著「「ホームページ社会」の到来―「スーパーシステム」としての「ホームページ」―」『青山経営論集』第46巻別冊，1-18頁
76) 2012年3月，編著『中小企業組合における農商工連携＜中小企業の企業連携：組織的・産業的・地域的・国際的連携研究プロジェクト研究成果中間報告論集2＞』青山学院大学総合研究所社会科学研究部，1-93頁
77) 2012年3月，単著「ホームページからみた「学会組織」の情報化―学会組織におけるホームページ設計事例からみた「学会情報化の課題」―(3)」『青山経営論集』第46巻第4号，77-97頁
78) 2012年3月，共著「中小企業組合における農商工連携―「農商工連携実施組合実態調査」の相関分析結果からみた―」『青山経営論集』第46巻第4号，99-117頁
79) 2012年9月，単著「企業連携の本質と類型」『青山経営論集』第47巻第2号，17-41頁
80) 2012年9月，共著「中小企業組合におけるソーシャルビジネスの現状と課題」『青山経営論集』第47巻第2号，43-72頁

81) 2012年12月，単著「情報化社会再考―情報化のパラドックス―」『青山経営論集』第47巻別冊，19-42頁
82) 2013年3月，単著「中小企業の企業連携―「ネットワーク」としての中小企業組合―」『青山経営論集』第47巻第4号，19-43頁

4. 拙著著書目録（一部調査研究報告書含む）

0) 1971年12月，翻訳協力『新管理者ハンドブック—事務管理の変容と新展開—（C. L. リトルフィールド他著，鵜沢昌和監訳)』日本経営出版会（訳出協力：序文，第1章～第26章）（原著：C. L. Littlefield & Frank Rachel & Donald L. Caruth, *Office and Administrative Management ; Systems Analysis, Data Processing, and Office Services*, 3rd ed., Prentice-Hall, 1970.）
1) 1972年10月，単著『フローチャート入門』大蔵省会計事務職員研修所
2) 1976年7月，共著『システム分析（鵜沢昌和編)』電子計算機通信学院（執筆：第5章「フローチャーティング」）
3) 1976年11月，共訳『ビジネス・システムの分析と設計（S. L. オプトナー著，鵜沢昌和監訳)』産業能率短期大学出版部（訳出：序文，第Ⅰ部第1章～第10章）（原著：Stanford L. Optner, *Systems Analysis for Business Management*, 3rd ed., Prentice-Hall, 1975.）
4) 1978年10月，寄稿『経営用語辞典＜第2版＞（古川栄一・柴川林也編)』東洋経済新報社（執筆：情報処理用語22語）
5) 1980年3月，寄稿『経営実務大百科（ダイヤモンド社編)』ダイヤモンド社（執筆：情報管理用語12語）
6) 1982年10月，寄稿「経営学部・商学部における情報処理教育の実態—全国35大学の調査結果—」『経営教育年報』第1号，日本経営教育学会
7) 1983年3月，共著『組織化指導における情報提供のあり方に関する調査研究報告書（全国中小企業団体中央会組合情報提供委員会編)』全国中小企業団体中央会（執筆：第2章「組織化情報における中央会の役割」）
8) 1983年4月，寄稿『現代ビジネス実践大系（第1巻）問題解決マニュアル（ダイヤモンド社編)』ダイヤモンド社（執筆：第5章事務・情報管理問題5題）
9) 1983年4月，寄稿『現代ビジネス実践大系（第7巻）事務・情報管理（ダイヤモンド社編)』ダイヤモンド社（執筆：情報管理用語13語）
10) 1983年6月，共著『コンピュータ科学と経営情報＜改訂版＞（涌田宏昭編著)』白桃書房（執筆：第7章「組織と情報システム—その分析的枠組み—」）
11) 1983年11月，共訳『マネジメント・システム—概念的考察—(C. G. ショーダベック他著，西賢祐他監訳)』文真堂（訳出：第7章）（原著：Charles G. Schoderbek & Peter P. Schoderbek & Asterios G. Kefalas, *Management Systems: Conceptual Considerations*, Revised ed., Business Publications, 1980.）
12) 1984年6月，共著『OA教科書（オフィスオートメーション学会理論部会編)』有斐閣（執筆：第Ⅱ部第4章4.2「OAと管理システム(2)」）
13) 1985年3月，共著『一般事務処理プログラムの基礎演習問題集＜第一次報告

書>（私立大学等情報処理教育連絡協議会教育ソフトウェア研究委員会演習問題作成分科会編）』私立大学等情報処理教育連絡協議会（執筆：問題2題）
14) 1986年6月，共著『経営情報科学総論（涌田宏昭編著）』中央経済社（執筆：第10章「情報処理技術の発展とコンピュータ」）
15) 1987年3月，共著『一般事務処理プログラムの基礎演習問題集＜第二次報告書＞（私立大学等情報処理教育連絡協議会教育ソフトウェア研究委員会演習問題作成分科会編）』私立大学等情報処理教育連絡協議会（執筆：問題2題）
16) 1987年4月，寄稿『経営行動科学辞典（小林末男編）』創成社（執筆：経営関連用語10語）
17) 1988年3月，共著『中央会情報ネットワーク企画調査事業報告書（全国中小企業団体中央会中央会情報ネットワーク企画調査事業委員会編）』全国中小企業団体中央会（執筆：第2章「中央会情報ネットワークの対象業務」，第3章「対象業務の選定と実施ステップ」，資料「中央会情報ネットワークに関するニーズ調査結果」）
18) 1988年3月，共著『中央会情報ネットワーク企画調査事業報告書＜要約版＞（全国中小企業団体中央会中央会情報ネットワーク企画調査事業委員会編）』全国中小企業団体中央会（執筆：第2章「中央会情報ネットワークの対象業務」，第3章「対象業務の選定と実施ステップ」）
19) 1988年5月，共著『銑鉄鋳物製造業のOA化調査研究＜Ⅰ＞㈳日本鋳物工業会銑鉄鋳物製造業OA化調査研究委員会編）』㈶素形材センター（執筆：第2章「コンピュータの導入状況」）
20) 1988年6月，寄稿「組合における情報活動の基本的あり方—中小企業協同組合における情報活動の有機的結合—」『経営教育年報』第7号，日本経営教育学会
21) 1989年5月，共著『銑鉄鋳物製造業のOA化調査研究＜Ⅱ＞㈳日本鋳物工業会銑鉄鋳物製造業OA化調査研究委員会編）』㈶素形材センター（執筆：第2章「コンピュータの活用状況」）
22) 1990年6月，寄稿『経営教育ハンドブック（日本経営教育学会経営教育ハンドブック編集委員会編）』同文館（執筆：Ⅵ.2(1)企業のネットワークにかかわる経営教育のあり方，情報管理用語1語）
23) 1996年3月，共著『経営学原理（小椋康宏編）』学文社（執筆：第8章「経営情報と経営システム」）
24) 1996年3月，寄稿『新・経営行動科学辞典（小林末男編）』創成社（執筆：経営関連用語10語）
25) 2002年1月，共著『経営学原理＜第二版＞（小椋康宏編）』学文社（執筆：第8章「経営情報と経営システム」）
26) 2005年3月，単著『システムと情報—情報ネットワーク化時代の基本思考—（森川ワールド1）』学文社

27) 2005年4月，単著『オフィスとテレワーク―情報ネットワーク化時代のワークプレイス―（森川ワールド2）』学文社
28) 2005年9月，編著『ビジネスコミュニケーションの基礎理論』学文社
29) 2006年2月，寄稿『現代経営組織辞典（小林末男監修）』創成社（執筆：経営関連用語10語）
30) 2006年3月，共著『経営学の基本＜新版＞（経営能力開発センター編）』中央経済社（執筆：第Ⅰ部第5章「ITと企業経営」）
31) 2006年5月，単著『経営システムと経営情報―情報ネットワーク化時代の基本組織―（森川ワールド3）』学文社
32) 2006年9月，単著『コンピュータとコミュニケーション―情報ネットワーク化時代の情報革新―（森川ワールド4）』学文社
33) 2007年6月，共著『経営用語・キーワード（経営能力開発センター編）』中央経済社（執筆：情報管理用語2語）
34) 2009年3月，編著『IT革命と企業組織（青山学院大学総合研究所叢書）』学文社
35) 2009年4月，共著『経営教育論＜講座／経営教育第3巻＞（日本経営教育学会編）』中央経済社（執筆：第9章「経営者・管理者のための情報教育」）
36) 2009年8月，単著『IT化への対応（農商工連携等人材育成事業研修テキスト）』全国中小企業団体中央会
37) 2009年10月，共著『現代社会の情報・通信マネジメント（飫冨順久他編著）』中央経済社（執筆：第4章「情報化の進展と新たな社会形成」）
38) 2009年11月，単著『社会システムと社会情報―情報ネットワーク化時代の基本社会―（森川ワールド5）』学文社
39) 2011年3月，単著『情報革新と経営革新（森川ワールドプラス1）』学文社
40) 2011年10月，単著『情報革新と組織革新（森川ワールドプラス2）』学文社
41) 2013年2月，共著『ITを活用した組合指導・支援の方向（全国中小企業団体中央会平成24年度組合指導情報整備事業運営委員会報告）』（執筆：第1章Ⅰ「中小企業組合IT化への7つの事業提言」）全国中小企業団体中央会
42) 2013年3月，編著『中小企業の企業連携―中小企業組合における農商工連携と地域活性化―（青山学院大学総合研究所叢書）』学文社
43) 2013年3月，単著『情報革新と社会革新（森川ワールドプラス3）』学文社

5．拙著『森川ワールド（全6巻）』総合目次一覧

第1巻　概要目次
『システムと情報―情報ネットワーク化時代の基本思考―』
（2005年3月，学文社刊）

第1章　システムに対する感触
　　第1節　システムへのアプローチ
　　第2節　銀河系からみたシステム
　　第3節　河川系からみたシステム
　　第4節　生物系からみたシステム
　　第5節　生態系からみたシステム
　　第6節　通信系からみたシステム
　　第7節　システムに対する感触
第2章　システム概念の本質
　　第1節　システムの本質
　　第2節　言語面からみたシステム
　　第3節　分類面からみたシステム
　　第4節　システムの類型
　　第5節　システム時代の意義
第3章　システムの基本概念
　　第1節　システム理論の主要概念
　　第2節　システムの構造的局面
　　第3節　システムの機能的局面
　　第4節　システムの歴史的局面
第4章　システム概念の特性
　　第1節　システムの構造的特性
　　第2節　システムの機能的特性
　　第3節　システムの歴史的特性
第5章　システム構成の特性
　　第1節　システム製品とシステムサービス
　　第2節　システム構成製品
　　第3節　システム構成製品としてのパソコン
　　第4節　コンピュータのシステム拡張経緯
　　第5節　システム構成の基本特性

第6章　ネットワーク概念の本質
　第1節　ネットワークの本質
　第2節　ネットワークの領域拡大
　第3節　ネットワークの特性と要件
　第4節　ネットワークの類型
　第5節　ネットワークのタイプ
　第6節　ネットワーク時代の意義
第7章　情報の基本概念
　第1節　情報の本質
　第2節　情報の類型
　第3節　情報概念の水準
　第4節　情報化の本質
　第5節　情報化概念の水準
第8章　情報の価値特性
　第1節　情報の時間的価値
　第2節　情報の集積的価値
　第3節　情報の共有的価値
　第4節　情報化時代の課題
第9章　一般システム理論の本質と意義
　第1節　一般システム理論の研究背景
　第2節　一般システム理論の研究系譜
　第3節　一般システム理論の必要性と目的
　第4節　一般システム理論の形成
　第5節　一般システム理論の構成方法
　第6節　一般システム理論の構成ステップ
　第7節　一般システム研究の意義と可能性

第2巻　概要目次
『オフィスとテレワーク―情報ネットワーク化時代のワークプレイス―』
(2005年4月，学文社刊)

第1章　オフィスの変革と革新
　第1節　オフィス革新とテレワーク革命の背景
　第2節　オフィス革新の経緯
　第3節　オフィス環境の変容
　第4節　オフィス変革の段階

第5節　オフィスの本質
　第6節　オフィス革新の類型
　第7節　オフィス革新の方向
第2章　ワークプレイスの設計形態からみた多様化
　第1節　オープンオフィス
　第2節　大部屋オフィス
　第3節　個室オフィス
　第4節　個室感覚オフィス
　第5節　ユニバーサルプランオフィス
　第6節　ハースオフィス
　第7節　コックピットオフィス
　第8節　ケーブアンドコモンオフィス
第3章　ワークプレイスの使用形態からみた多様化
　第1節　ノンテリトリアルオフィス
　第2節　グループアドレスオフィス
　第3節　アクティビティセッティングオフィス
　第4節　レッドカーペットオフィス
　第5節　シェアードオフィス
　第6節　フリーアドレスオフィス
　第7節　ホテリングオフィス
　第8節　ジャストインタイムオフィス
第4章　ワークプレイスの立地形態からみた多様化
　第1節　集中オフィス
　第2節　分散オフィス
　第3節　センターオフィス
　第4節　スポットオフィス
　第5節　タッチダウンオフィス
　第6節　サテライトオフィス
　第7節　リゾートオフィス
　第8節　ホームオフィス
第5章　ワークプレイスの存在形態からみた多様化
　第1節　リアルオフィス
　第2節　バーチャルオフィス
　第3節　移動オフィス
　第4節　携帯オフィス
　第5節　ネットワークオフィス
　第6節　ネットカフェオフィス

第7節　レジデンシャルオフィス
　　第8節　パブリックオフィス
　第6章　情報ネットワーク化と在宅化
　　第1節　情報ネットワーク化の本質
　　第2節　在宅化の意味
　　第3節　在宅化の類型
　　第4節　在宅就業化の類型
　　第5節　在宅サービス化の類
　第7章　テレワークの本質的意味
　　第1節　類似関連語からみた意味
　　第2節　基本関連語からみた意味
　　第3節　仕事の構成要件からみた意味
　　第4節　必要・具備要件からみた意味
　　第5節　テレワークの類型
　第8章　テレワークの必要性と必然性
　　第1節　テレワークの出現背景
　　第2節　情報化と情報ネットワーク化による影響
　　第3節　情報ネットワーク化の意義からみた必然性
　　第4節　テレワークの必要性
　　第5節　テレワークの必然性
　第9章　テレワークの光と影
　　第1節　テレワークによる光影の特性
　　第2節　個人的レベルにおける光と影
　　第3節　組織的レベルにおける光と影
　　第4節　社会的レベルにおける光と影
　　第5節　オフィス革新とテレワーク革命の課題

第3巻　概要目次
『経営システムと経営情報―情報ネットワーク化時代の基本組織―』
(2006年5月，学文社刊)

　第1章　経営システムの基本概念
　　第1節　経営システム研究の基本的課題
　　第2節　システムとしての経営システム
　　第3節　経営システムと情報システムの関係
　第2章　経営システムの分析的枠組み

第1節　組織と情報システムの分析的枠組み
　　第2節　組織環境の分析的枠組み
　　第3節　組織の分析的枠組み
　　第4節　組織有効性の分析的枠組み
　　第5節　組織と情報システムの分析的枠組み
第3章　経営資源からみた経営システム
　　第1節　経営システムと経営資源
　　第2節　経営資源からみた経営システムの種別
　　第3節　経営資源からみた経営システムの情報化
　　第4節　経営資源からみた組織間関係
　　第5節　経営資源からみた組織間関係の類型
　　第6節　経営資源からみた情報系列化
第4章　経営過程からみた経営システム
　　第1節　経営システムと経営過程
　　第2節　意思決定の本質
　　第3節　情報処理の本質
　　第4節　情報処理と意思決定の概念的関係
　　第5節　経営システムと他システムの相互関係
　　第6節　経営過程からみた経営システムの情報化
第5章　経営情報の基本概念
　　第1節　経営情報研究の基本的課題
　　第2節　システムとしての経営情報
　　第3節　経営情報の類型
　　第4節　経営システムの情報要求
　　第5節　情報要求の明確化度と充足度
第6章　情報システムの基本概念
　　第1節　情報システム研究の基本的課題
　　第2節　情報システムの本質
　　第3節　組織における情報システムの本質
　　第4節　システムとしての情報システム
　　第5節　情報システムの発展
　　第6節　情報システムの発展要因
第7章　情報ネットワーク化の展開
　　第1節　組織社会からネットワーク社会へ
　　第2節　情報ネットワーク化の本質
　　第3節　情報ネットワーク対象業務の選定
　　第4節　情報ネットワーク対象業務の選定視点

第8章　中小企業協同組合の情報ネットワーク化
　第1節　組合組織の位置づけ
　第2節　情報活動の位置づけ
　第3節　組織化情報の種別と内容
　第4節　情報提供事業の分析的枠組み
　第5節　経営情報活動の有機的結合
　第6節　情報ネットワーク化の成功要因

第4巻　概要目次
『コンピュータとコミュニケーション―情報ネットワーク化時代の情報革新―』
（2006年9月，学文社刊）

第1章　情報革新と社会変革
　第1節　「社会」の意味と特性
　第2節　社会変革の意義
　第3節　現代社会変革の基本変革軸
　第4節　情報化の進展からみた社会変革
第2章　組織環境の本質と変容
　第1節　「組織環境」の本質
　第2節　経営組織を取り巻く環境変化
　第3節　「組織の時代」の意味と意義
第3章　コンピュータの基本構成と発展経緯
　第1節　コンピュータの基本構成
　第2節　計算機の発展経緯
　第3節　電子計算機の発展経緯
　第4節　コンピュータのシステム拡張経緯
第4章　コンピュータの発展段階
　第1節　キーワードとしてのIT
　第2節　コンピュータの類型と進化
　第3節　コンピュータの発展からみたオフィスの展開
　第4節　コンピュータの発展からみたビジネスの展開
第5章　発展段階からみたコンピュータの進化特性
　第1節　DP時代の基本特性
　第2節　OA時代の基本特性
　第3節　IT時代の基本特性
第6章　コミュニケーションの本質と特性

第1節　コミュニケーションの本質
第2節　コミュニケーションの基本問題
第3節　コミュニケーションの基本要件
第4節　コミュニケーションの構成要素
第5節　情報処理とコミュニケーション
第7章　コミュニケーションの類型と変容
第1節　コミュニケーションの類型
第2節　コミュニケーションの個体別特徴
第3節　コミュニケーションツールの類型
第4節　コミュニケーションの変容
第8章　先進組合事例情報の創出—提供メカニズム
第1節　組合資料収集加工事業の概要
第2節　事業実施の全体計画プロセス
第3節　先進組合事例の収集プロセス
第4節　先進組合事例の加工プロセス
第5節　先進組合事例の蓄積プロセス
第6節　先進組合事例の提供プロセス
第7節　組合資料収集加工事業の基本的課題
第8節　組合資料収集加工事業の個別的課題

第5巻　概要目次
『社会システムと社会情報—情報ネットワーク化時代の基本社会—』
(2009年11月，学文社刊)

第1章　情報技術の多様化
第1節　情報技術の意味と意義
第2節　情報技術の発展経緯と発展意義
第3節　情報技術の類型
第4節　情報技術の発展方向
第2章　情報技術の複合化
第1節　私達を取り巻く進化と複合化
第2節　情報技術の進化と複合化
第3節　情報技術の類型と複合化
第4節　情報技術における複合化の進展
第3章　情報社会の情報思考
第1節　トピックス

第2節　現代社会を取り巻く情報
　　第3節　情報の用語からみた情報
　　第4節　情報の特性からみた情報
　　第5節　情報の伝達からみた情報
　　第6節　情報の選択からみた情報
　第4章　情報社会の基本思考
　　第1節　情報化社会の情報思考
　　第2節　情報化社会の社会思考
　　第3節　情報化社会の思考態様
　第5章　情報社会の社会形成
　　第1節　組織と社会の本質
　　第2節　組織形成の基本要件
　　第3節　個人集合の基本原理
　　第4節　社会形成の基本要件
　第6章　情報化と社会革新
　　第1節　ＩＣＴ化とバーチャル化
　　第2節　バーチャル化社会の進展
　　第3節　リアルとバーチャルの相互転化
　　第4節　ＩＣＴ化の本質的意味
　第7章　情報化と経営革新
　　第1節　ＩＣＴ化：21世紀におけるＩＴ化政策
　　第2節　ＩＣＴ化の経営的意義
　　第3節　組織と組織環境間の相互連結
　　第4節　組織内部体制の相互連携
　　第5節　企業経営業務へのＩＴ活用

第6巻　概要目次
『ネットとメディア―情報ネットワーク化時代の社会基盤―』
（近日発刊，学文社刊）

6．拙著『森川ワールドプラス（全4巻）』総合目次一覧

プラス1 『情報革新と経営革新』概要目次
（2011年3月，学文社刊）

第1章　情報思考の展開
　　第1節　二つのIT
　　第2節　情報の語義
　　第3節　情報の価値
　　第4節　情報の伝達
　　第5節　情報の選択
第2章　情報技術の発展
　　第1節　コンピュータの本質
　　第2節　DP時代の特徴
　　第3節　OA時代の特徴
　　第4節　IT時代の特徴
第3章　ITによる情報変革
　　第1節　情報化政策の本質
　　第2節　情報ビジネスの変遷
　　第3節　オフィスの情報化
第4章　ITによる組織変革
　　第1節経営資源システムの本質
　　第2節経営資源システムの種別
　　第3節経営資源システムの情報化
第5章　ITによる経営変革
　　第1節　経営組織と経営環境
　　第2節　経営決定システムの本質
　　第3節　経営決定システムの情報化
第6章　経営業務へのIT活用
　　第1節　コミュニケーションのネット化
　　第2節　オフィスのバーチャル化
　　第3節　ビジネスのネットサービス化
第7章　企業経営へのIT活用
　　第1節　実際企業と仮想企業の相互補完
　　第2節　物流体制と情流体制の相互補完

第3節　基幹部門と補助部門の相互補完
　　第4節　個体企業と外部組織の相互連携
　第8章　企業経営業務へのIT活用事例
　　第1節　企業経営業務とIT活用
　　第2節　生産業務におけるIT活用事例
　　第3節　流通業務におけるIT活用事例
　補論　合理的意思決定過程の情報可視化
　　第1節　意思決定の本質
　　第2節　意思決定と情報
　　第3節　合理的意思決定メカニズム
　　第4節　「賃貸住宅選定」の合理的意思決定過程

プラス2　『情報革新と組織革新』概要目次
（2011年10月，学文社刊）

　第1章　システム思考の本質
　　第1節　システムの本質
　　第2節　システムの類型
　　第3節　システムの適用
　第2章　システムの基本概念
　　第1節　システム概念の分析的枠組み
　　第2節　システムの構造的特性
　　第3節　システムの機能的特性
　　第4節　システムの歴史的特性
　第3章　システム思考の展開
　　第1節　システムとしての万物
　　第2節　システムとしての生物組織
　　第3節　システムとしての企業組織
　第4章　ワークプレイスの多様化
　　第1節　設計形態からみたオフィス
　　第2節　使用形態からみたオフィス
　　第3節　立地形態からみたオフィス
　　第4節　存在形態からみたオフィス
　第5章　オフィス環境と経営組織
　　第1節　オフィスと経営組織
　　第2節　オフィス革新の背景

第3節　オフィス環境の変容
　　第4節　オフィス環境からみた革新
第6章　オフィス革新による組織変革
　　第1節　オフィスの集中化と分散化
　　第2節　オフィスの革新類型
　　第3節　ワークプレイスの展開方向
　　第4節　オフィスの変革方向
　　第5節　オフィスの変革段階
第7章　テレワークによる組織変革
　　第1節　テレワークの背景と類型
　　第2節　情報ネットワーク化の進展
　　第3節　テレワーク革新における課題
第8章　テレワークの必要性と必然性
　　第1節　テレワークの必要性
　　第2節　情報ネットワーク化による必然性
　　第3節　労働空間と労働時間からみた必然性
　　第4節　労働内容と労働方式からみた必然性
第9章　組織環境からみた組織変革
　　第1節　組織形成の基本要件
　　第2節　組織形成の具体要件
　　第3節　組織形成の必要性と必然性
　　第4節　経営組織を取り巻く環境変化
　　第5節　「組織の時代」の意味

プラス3　『情報革新と社会革新』概要目次
（2013年3月，学文社刊）

第1章　情報化と情報化社会
　　第1節　情報化の本質と意義
　　第2節　情報化社会の本質
　　第3節　情報化社会の到来
第2章　情報化のパラドックス
　　第1節　コンピュータの発展と終焉
　　第2節　コンピュータを巡る環境変化
　　第3節　コミュニケーションの環境変化
　　第4節　「情報」を巡る日本的神話

第3章　社会の基本的特性
　第1節　用法上からみた「社会」
　第2節　集団としての「社会」
　第3節　組織と社会の本質
第4章　情報社会の社会形成原理
　第1節　情報化社会の社会思考
　第2節　社会形成の基本原理
　第3節　社会形成の基本態様
第5章　経営資源からみた組織連携
　第1節　経営資源からみた経営組織
　第2節　経営資源からみた経営組織の種別
　第3節　経営資源からみた組織連携
　第4節　経営資源からみた組織連携の類型
第6章　企業連携の本質と類型
　第1節　現代社会組織における「企業連携」
　第2節　わが国産業社会を取り巻く環境変化
　第3節　わが国企業組織を取り巻く環境変化
　第4節　ネットワークの本質と意義
第7章　中小企業の企業連携
　第1節　中小企業と組織連携
　第2節　中小企業を取り巻く企業連携
　第3節　中小企業組合における連携強化
　第4節　中小企業組合におけるＩＴ化の推進
第8章　「ホームページ社会」の到来
　第1節　「スーパーシステム」としてのホームページ
　第2節　「システム」の源流と本質
　第3節　「物的スーパーシステム」の原型と本質
　第4節　「知的スーパーシステム」の原型と本質

プラス4 『情報化研究－学問と人生－』概要目次
（近日発刊，学文社刊）

7．事項索引

ア　行

ISDN（統合サービスデジタル網）……31
ＩＣ……………………………………23
　──タグ………………………28,124
ＩＣＴ…………………………………1
　──化………90,101,111,121,126
　──化時代…………………………96
ＩＴ……………………………1,23,165
　──オフィス時代…………………49
　──化………………90,109122,125
　──化時代………………………142
　──活用…………117,118,120,123
　──時代……………………………23
　──バブル…………………………1
アイテム………………………………27
iPad……………………………………11
IPv 6…………………………………32
iPhone…………………………………11
アウトソーシング………………45,85
アグリコンパス……………………127
アルパ（ARPA）……………………30
アルパネット（ARPANET）………30
イアース（IaaS）……………………33
異機種互換………………………24,29
異業種交流…………………………116
異業種融合…………………………116
異業種連携…………………………116
意思決定………73,130,132,134,141,154
　──過程……………………133,134
　──主体……………77,131,142,150
　──対象…………………………132
　──タイプ…………………………80
　──プロセス………………………78
　──類型……………………………77
　──レベル…………………………81
　──メカニズム…………79,143,150
ｅ-Japan 戦略………………………101
委託開発………………………………85
ETC（電子料金収受システム）……100
EDP……………………………………48
ｅトレーサビリティ………124,126,127
意味性問題……………………………13
インサイダー取引……………………8
インターネット……………25,30,116
　──エクスプローラ………………42
　──検索サービス会社……………43
　──情報サービス会社……………43
　──接続プロバイダー……………42
　──総合会社………………………43
　──通信会社………………………42
インテリジェント……………………6
イントラネット…………………25,30
インフォメーション………………4,6
インライン……………………………25
ウインテル（WINTEL）……………40
ウエアラブルコンピュータ…………38
Web2.0………………………………32
失われた十年…………………………93
ASP（アプリケーションサービスプロバイダ）
　………………………………27,33
エクストラネット………………25,30

SNS（ソーシャルネットワーキングサービス）
　……………………………………88
SCM（サプライチェーンマネジメント）
　……………………………………115,120
ADSL（非対称デジタル加入者線）……31
FTTH（光ファイバー）………………31
ＭＳ-Windows…………………………41
LSI（大規模集積回路）………………24
演繹的方法………………………………75
ＯＡ………………………………………1
　──時代……………………………23
　──オフィス時代…………………48
　──機器…………………………39,48
ＯＳウインドウズ……………………40
オフィス…………………………………95
　──のバーチャル化………………91
　──の変革段階……………………47
オフコン…………………………………38
お布施の原理……………………………5
オフライン………………………………25
オープン…………………………………29
　──化…………………………24,29
　──システム………………………51
オレオレ詐欺…………………………137
オンライン………………………………25
オンリーベストワン……………………41

カ　行

開発業務………………………………117
外部委託…………………………………85
外部環境………………………52,68,70,114
価格性能比（コストパフォーマンス）…29
拡散型…………………………………120
仮想オフィス……………………………93
仮想世界…………………………………91

価値の連鎖（バリューチェーン）……121
画面コミュニケーション………………90
間隔尺度………………………………153
環境は組織に従う………………………73
環境……………………………………67,72
完結型サービス…………………………98
完結型ネットサービス…………………99
顔面コミュニケーション………………90
管理的の決定……………………………82
管理的知識………………………………55
基幹業務………………………112,113,117
基幹システム……………………………53
基幹部門…………………………………53
基幹プロセス……………………52,56,102
企業間情報化…………………………119
企業経営業務………………………117,118
企業内情報化…………………………119
技術的知識………………………………54
帰納的方法………………………………75
基本ソフト………………………………41
ＱＲコード………………………………28
9.11テロ…………………………………88
供給連鎖管理…………………………120
業務情報化…………………58,60,61,64
業務的決定………………………………82
業務の情報化……………………………63
共有的価値………………………………10
距離尺度………………………………153
銀証融合化……………………………116
金的サービス……………………………98
金の資源………………………………108
銀保融合化……………………………116
金流型システム………………………57,98
金流完結型ネットサービス…………100
金流予約型ネットサービス……………99

区間尺度……………………151,153
クラウドコンピューティング…23,32,41
グリッドコンピューティング………32
経営意思決定………………………82
経営基幹業務………………………117
経営資源……………51,104,107,109
経営システム……………………52,53
経営組織……………………………51
経営補助業務………………………118
計算センター………………………85
携帯情報端末（PDA）…………11,88
ケータイメール……………………88
決定可視化………………137,138,139
決定システム………………………85
決定内容……………………………134
現業部門……………………………53
顕在的問題…………………………75
検索エンジンソフト………………41
検索連動広告管理ソフト…………41
原始オフィス時代…………………46
現実世界……………………………91
現場思考……………………………15
現物指向……………………………15
コア業務……………………………45
工業社会……………………………137
構造的の決定……………………80,134
購買システム………………………53
効率性問題…………………………12
個人情報保護………………………136
個人情報保護法……………………136
個人的決定………………………77,131
個体…………………………………131
個体（システム）と環境…………68
固定無線アクセス（FWA）………31
コミュニケーション………7,88,89,90

――化…………………………………36
――ツール……………………………87
コラボレーションワーク……………92
コンテンツビジネス…………………43
コンパクトディスク（CD）………43
コンビニ………………………………9
コンピュータ…………………………43
――化…………………………………36
――の基本構成………………………20
コンポーネントビジネス……………40

サ　行

最新指向………………………………16
サイバネティックス………………4,70
サイバーノマド………………………95
財務業務………………………………118
財務システム…………………………54
サース（SaaS）……………………27,33
産業化主導モデル……………………36
産業情報化………………………59,62,65
産業の米………………………………40
産業の情報化…………………………63
CRM（カスタマーリレーションシップ
　マネジメント）……………………115
GPS（全地球測位システム）………165
CATV…………………………………31
支援部門………………………………53
時間的価値……………………………8
システム…………………………67,68
――構成性…………………39,40,45
施設業務………………………………118
施設システム…………………………54
実行システム…………………………85
実施指向………………………………15
質的尺度………………………………151

C to C（C 2 C）……………… 115
字面コミュニケーション…………90
社会化主導モデル………………37
社会的決定……………………78,131
集積型………………………………120
集積的価値………………………………9
周辺装置（PU）………………20
住民基本台帳ネットワーク（住基ネット）
　………………………………………116
主記憶装置………………………20
受託計算……………………………85
出力（アウトプット）…………55
出力装置……………………………21
主要変数（主要評価尺度）……145
順序尺度……………………151,153
情報……4,6,109,130,135,141,156,158
情報—意思決定—実行……………154
情報概念……………………………4,6
情報開示制度……………………136
情報化………………………………164
　——以前…………………………119
　——社会…………………………129
　——政策…………………………141
情報可視化………137,138,139,141,145
情報活動……………………78,133
情報技術………………………1,35,165
情報機能……………………………91
情報業務……………………………118
情報業務化………………58,60,61,64
情報空間……………………………91
情報形成……………………………74
情報源指向…………………………16
情報公開化………………………136
情報公開制度……………………136
情報公開法………………………136

情報サービス………………………98
情報産業化………………………59,62,65
情報資源……………………………107,108
情報思考……………………………2,35,165
情報システム………………………54,85
　——の拡充段階…………………84
　——の内包段階…………………82
　——の分離段階…………………84
情報シーズ………………………165
情報社会…………………………137
情報処理……………………………59
　——の一元化……………………83
　——の同時化……………………84
情報創造……………………………59
情報蓄積機械………………………43
情報蓄積の分離独立段階…………83
情報通信ネットワーク化…………29
情報・通信・放送の一体化………116
情報伝達機械………………………43
情報伝達の基本問題………………12
情報伝達の分離独立段階…………83
情報透明化………………………155
情報と環境…………………………71
情報と通信の融合化……………116
情報ニーズ………………………165
情報ネットワーク化………………29,59
情報の価値特性………………………8
情報の業務化………………………63
情報の産業化………………………63
情報の選択視点……………………15
情報ビジネスの類型………………38
情報変換機械………………………43
情報変換の分離独立段階…………83
情報保護化………………………136
情報保護制度……………………136

情流化………………………………109	製販卸一体化……………………116
情流型サービス……………………98	声面コミュニケーション…………90
情流型システム……………………57	設計活動……………………78,133
情流完結型ネットサービス………100	絶対要件……………146,147,160
情流プロセス（情流体制）………109	潜在的問題…………………………76
情流予約型ネットサービス………99	選択活動……………………78,133
序数尺度…………………………153	選択と集中…………………………45
処理（プロセス）…………………55	選択内容…………………………134
真空管……………………………24	先端指向……………………………16
シンクライアントコンピュータ…23	戦略的決定…………………………81
シンクライアントコンピューティング…32	相関思考……………………………16
人事業務…………………………118	総合的方法…………………………75
人事システム………………………54	相互連携…………………………116
人的サービス………………………98	創造的方法…………………………75
人的資源…………………………107	測定間隔値………………146,147
人流型サービス……………………98	測定尺度…………………………151
人流型システム……………………57	測定尺度の種類…………………152
人流完結型ネットサービス………99	測定データ………………………149
人流予約型ネットサービス………97	組織…………………………72,110
スタッフ組織………………………53	組織環境…………………………110
スタッフ部門………………………53	組織的決定…………………78,131
スタンドアローン…………………29	組織は戦略に従う…………………73
ストレージ…………………………43	ソフトウエアビジネス……………41
スパコン……………………………38	ソフトの無料配布…………………42
スーパーシステム…………………52	ソリューションビジネス…………44
スマートフォン（高機能携帯電話）…………………11,39,41,50,88	**タ 行**
制御装置……………………………20	代替案………………148,149,150,162
生産………………………………120	体面コミュニケーション…………90
生産企業組織…………………53,70	対面コミュニケーション…………90
生産業務……………117,120,121,122	ダウンサイジング…………………29
生産システム………………………53	ダース（DaaS）……………………33
製造物責任（ＰＬ）………………126	W字型人間…………………………16
生損融合化………………………116	タブレット端末（多機能携帯端末）
製販一体化………………………116	…………………………11,39,41,50,88

事項索引　205

逐次処理・・・・・・・・・・・・・・・・・・・・・・28
知識・・・・・・・・・・・・・・・・・・・・・・・・・・・6
知的資源・・・・・・・・・・・・・・・・・・・・・108
中央処理装置（CPU）・・・・・・・20,28
調達業務・・・・・・・・・・・・・・・・・・・・117
超都心・・・・・・・・・・・・・・・・・・・・・・・93
超並列コンピュータ・・・・・・・・・・・・28
直列コンピュータ・・・・・・・・・・・・・・28
賃貸住宅選定・・・・・・・・・・・・・・・・156
ツイッター・・・・・・・・・・・・・・・・・・・88
通信プロトコル（通信規約）・・・・・・30
定型的決定・・・・・・・・・・・・・・・80,133
Ｔ字型人間・・・・・・・・・・・・・・・・・・・16
ＴＣＰ／ＩＰ・・・・・・・・・・・・・・・・・30
ＤＰ・・・・・・・・・・・・・・・・・・・・・・・・・1
ＤＰ機器・・・・・・・・・・・・・・・・・・・・39
ＤＰ時代・・・・・・・・・・・・・・・・・・・・23
ＤＰオフィス時代・・・・・・・・・・・・・・48
デジタル多用途ディスク（DVD）・・・43
デスクトップ・・・・・・・・・・・・・・・・・39
データ・・・・・・・・・・・・・・・・・・・・・5,6
データウェアハウス・・・・・・・・・26,27
データ概念の階層・・・・・・・・・・・・・27
データセンター・・・・・・・・・・・・・・・27
データセンター元年・・・・・・・・・・・26
データベース・・・・・・・・・・・・・・26,27
　――の基本構造・・・・・・・・・・・・106
テレワーク・・・・・・・・・・・・・・・・・102
電子商取引（ＥＣ）・・・・・・・44,102,115
電子メール・・・・・・・・・・・・・・・・・・88
電子遊牧民・・・・・・・・・・・・・・・・・・95
特殊ソフト・・・・・・・・・・・・・・・・・・41
得点・・・・・・・・・・・・・・・・・・・・・・162
トランジスタ・・・・・・・・・・・・・・・・24
トレーサビリティ（履歴管理）
・・・・・・・・・・・・・・・・・・・・・124,126,127

ナ　行

内部環境・・・・・・・・・・・・・・・・・・・68
ナレッジ・・・・・・・・・・・・・・・・・・・・6
ナローバンド・・・・・・・・・・・・・・・・31
二次元コード・・・・・・・・・・・・・28,124
日本的情報産業論・・・・・・・・・・・・・5
入力装置・・・・・・・・・・・・・・・・・・・21
入力（インプット）・・・・・・・・・・・・55
ニューオフィス・・・・・・・・・・・・・・49
ニューメディア・・・・・・・・・・・・・・25
ニューロコンピュータ・・・・・・・・・23
人間指向・・・・・・・・・・・・・・・・・・・16
人間の時代・・・・・・・・・・・・・・・・・90
ネオダマ・・・・・・・・・・・・・・・・・・・29
ネットウェアビジネス・・・・・・・・・42
ネット化・・・・・・・・・・・・・・・101,103
ネットコミュニケーション・・・・・・89
ネットサービスの類型・・・・・・・・・98
ネットブック・・・・・・・・・・・・・・・・39
ネットワーク・・・・・・・・・・・・・・・・29
ネットワーク化・・・・・・・・・・・・・・29
ノイマン型コンピュータ・・・・・・・・28
能率・・・・・・・・・・・・・・・・・・・・・・111
ノートパソコン・・・・・・・・・・・・・・39
ノマド・・・・・・・・・・・・・・・・・・・・・95

ハ　行

バイオコンピュータ・・・・・・・・・・・23
π字型人間・・・・・・・・・・・・・・・・・・16
ハイブリッド・・・・・・・・・・・・・・・・23
バーコード・・・・・・・・・・・・・・27,124
ハース（HaaS）・・・・・・・・・・・・・・33
パース（PaaS）・・・・・・・・・・・・・・33

パソコン…………………………38	ファクト……………………………6
——の基本構成………………20	ファミリーシリーズ………………24
——の生産モデル……………122	VLSI（超LSI）……………………24
パソコン通信会社…………………42	V字型人間…………………………16
パーソナルワーク…………………92	フィージビリティスタディ………150
バーチャルオフィス………92,93,94,96	フェイスツーフェイスコミュニケーション
バーチャルカンパニー……………94	………………………87,89,137
バーチャルコーポレーション……94	不確実性…………………………129
バーチャル世界……………………91	複眼指向……………………………16
ハードウェアビジネス……………38	複合思考……………………………16
ハードディスク（HD）……………43	複合多能情報処理機………………23
ハードとソフトの完全分離………41	複線思考……………………………16
パラレル化…………………………28	副都心………………………………93
半構造の決定…………………80,134	二つのIT……………………………1
判断基準…………………………134,147	物的サービス………………………98
販売業務…………………………117	物的資源…………………………107
販売システム………………………54	物流型サービス……………………98
汎用コンピュータ……………38,48	物流型システム……………………57
汎用ソフト…………………………41	物流完結型ネットサービス……100
比較思考……………………………16	物流化……………………………109
非構造の決定…………………81,134	物流業務…………………………125
PCダイレクト………………39,123	物流プロセス（物流体制）……109
比尺度……………………………154	物流予約型ネットサービス………99
必要情報…………………………134	部門内情報化……………………119
必要情報の明確化…………………4	ブラウザーソフト……………41,42
非定型的決定…………………80,133	振り込め詐欺……………………137
B to C（B2C）…………………115	ブルーレイディスク（BD）………44
B to B（B2B）…………………115	ブログ………………………………88
P to P（P2P）…………………115	フロッピーディスク（FD）………43
非ノイマン型コンピュータ………28	ブロードバンド……………………31
日の丸半導体………………………40	プロパティ化………………………37
評価活動………………………78,133	文面コミュニケーション…………90
比率尺度…………………………151,154	並列コンピュータ…………………28
比例尺度…………………………154	並列コンピュータ元年……………28
ファイル……………………………27	並列処理……………………………28

変数……………………………144,145
法制化主導モデル…………………37
放送と通信の融合化………………116
補助記憶装置………………………21
補助業務………………112,113,117
補助システム………………………53
補助部門……………………………53
補助プロセス……………53,56,102
POS（販売時点情報管理）………27
ホームページ（ＨＰ）…………88,89
ホー・レン・ソウ（報告・連絡・相談）
　…………………………………164
本物指向……………………………15

マ 行

マイクロプロセッサー（MPU）………32
マイコン……………………………32
マネジメントプロセス……………82
マルチメディア………………26,29,30
見えない化………………………140
見える化…………………………140
ミニコン……………………………38
ミニノートパソコン………………39
名義尺度…………………………152
名称尺度……………………151,152
名目尺度…………………………152
メッセージ…………………………7
モノ・コト………………………137
モバイルパソコン…………………39
問題……………………73,75,132
問題解決……………………………73
問題創造……………………………76
問題発掘……………………………76
問題発見……………………………75

ヤ 行

有効性……………………………111
有効性問題…………………………13
遊牧民………………………………95
ULSI（極超 LSI）…………………24
ユーティリティコンピューティング…32
ユビキタス…………………………31
　――コンピューティング………32
　――社会…………………………32
予測的問題…………………………76
予約型サービス……………………98
予約型ネットサービス……………97

ラ 行

ライン組織…………………………53
ライン部門…………………………53
ラップトップ………………………39
LAN（企業内情報通信網）………30
リアルオフィス……………92,93,94,96
リアル化……………………101,103
リアルコミュニケーション………89
リアル世界…………………………91
リナックス…………………………41
流通………………………………123
流通業務……………………123,125,126
量的尺度…………………………151
ルーター……………………………40
レコード……………………………27
論理演算装置………………………20

ワ 行

ワークステーション（ＷＳ）……38
ワークプレイス……………………95

8. 人名索引

ア 行

アンゾフ（H. Igor Ansoff）……………81
ウィーナー（Norbert Wiener）………4,69
エッカート（J. Presper Eckert）………19

カ 行

ゴリー（G. Anthony Gorry）…80,81,134

サ 行

サイモン（Herbert A. Simon）
……………78,79,80,82,130,133,135
シャノン（Claude E. Shannon）……11,15
ショックレー（William Bradford Shockley）……………………………………23

タ 行

チャンドラー（Alfred D. Chandler）…73

ナ 行

ノイマン（Von Neumann）……………28

ハ 行

バーナード（Chester I. Barnard）……72
パスカル（Blaise Pascal）………………19
ベケット（John A. Beckett）……………7
ベル（Alexander Graham Bell）………88
ホール（Arthur D. Hall）………………67

マ 行

マクドノウ（Adrian M. McDonough）
………………………………………4,5,73
マッハルプ（Fritz Machlup）……………6
モークリー（John William Mauchly）・19
モース（S. F. B. Morse）…………………90
モートン（Jack A. Morton）……………67
モートン（Michael S. Scott Morton）
………………………………………80,81,134

9. 社名索引

ア 行

IBM ビジネスコンサルティングサービス（IBM Business Consulting Services：IBCS）社 ……………………45
アイビーエム（International Business Machines：IBM 社）…22, 39, 41, 44, 45
アップルコンピュータ（Apple Computer）社 ……………………………39
アマゾン（Amazon）社 ……………22
インテル（Intel）社 ……………22, 40
エイオーエル（American Online：AOL）社 ……………………22, 42
オラクル（Oracle）社 ………………22

カ 行

グーグル（Google）社 ………22, 42, 43
クレイ（Crey）社 ……………………39
コンパック（Compac）社…………22, 39

サ 行

サムスン（Samsung）社 ………………41
サンマイクロシステムズ（Sun Microsystems）社 ……………………22, 39
シスコシステムズ（Cisco Systems）社 ……………………………22, 40
セールスフォース（Salesforce）社 ……22

タ 行

テキサスインスツルメンツ（Texas Instrument：T I）社 ……………………24
デック（Degital Equipment：DEC）社 ……………………………22, 39
デル（Dell）社 ……………22, 39, 123

ナ 行

ネットスケープ（Netscape）社 ………42

ハ 行

ヒューレッドパッカード（Hewlett-Packard：H P）社 …………22, 39, 123
フエイスブック（Facebook）社………22
プライスウォーターハウスクーパース（PricewaterhouseCoopers：PwC）社 ……………………………44, 45
ベル電話研究所（Bell Telephone Laboratories）……………………………23

マ 行

マイクロソフト（Microsoft）社 ……………………………22, 40, 41, 42

ヤ 行

ヤフー（Yahoo！）社 ………22, 42, 43

ラ 行

ルーセント（Alcatel-Lucent）社…22, 40
レノボ（Lenovo，聯想）社……………45

著者略歴

森川　信男（もりかわ　のぶお）

1976年　青山学院大学大学院経営学研究科博士課程修了
1976年　青山学院大学経営学部助手，専任講師，助教授，教授を経て，
2013年　青山学院大学名誉教授
1987年　白鷗大学非常勤講師（現在に至る）
2013年　青山学院大学非常勤講師

主要著書
1. 単著『システムと情報』学文社，2005年
2. 単著『オフィスとテレワーク』学文社，2005年
3. 単著『経営システムと経営情報』学文社，2006年
4. 単著『コンピュータとコミュニケーション』学文社，2006年
5. 単著『社会システムと社会情報』学文社，2009年
6. 単著『情報革新と経営革新』学文社，2011年
7. 単著『情報革新と組織革新』学文社，2011年
8. 単著『情報革新と社会革新』学文社，2013年
9. 編著『ビジネスコミュニケーションの基礎理論』学文社，2005年
10. 編著『ＩＴ革命と企業組織』学文社，2009年
11. 編著『中小企業の企業連携』学文社，2013年

森川ワールドプラス１

情報革新と経営革新

2011年3月25日　第一版第一刷発行
2013年4月10日　第一版第二刷発行

著　者　森川信男
発行所　株式会社　学文社
発行者　田中千津子

〒153-0064　東京都目黒区下目黒3－6－1
電話(03)3715-1501　(代表)　振替　00130-9-98842
http://www.gakubunsha.com

落丁，乱丁本は，本社にてお取り替えします。
定価は，売上カード，カバーに表示してあります。

印刷／東光整版印刷㈱
＜検印省略＞

ISBN 978-4-7620-2166-4
Ⓒ2011 MORIKAWA Nobuo Printed in Japan

森川信男 著
森川ワールド：情報ネットワーク化時代
（全6巻）

1 システムと情報
情報ネットワーク化時代の基本思考

今日の情報ネットワーク化時代における基本思考として、情報、ネットワーク、システムの3つの概念の重要性をとりあげて論じる。

2005年3月30日発行
ISBN978-4-7620-1389-8
C3334/368p
3200円

2 オフィスとテレワーク
情報ネットワーク化時代のワークプレイス

新たなビジネスチャンスをもたらすものは、情報ネットワーク化とオフィス革新、情報、人的資源の戦略的な活用であるという視点からビジネスの未来像を考察。

2005年4月30日発行
ISBN978-4-7620-1390-0
C3334/344p
3200円

3 経営システムと経営情報
情報ネットワーク化時代の基本組織

情報技術、情報通信技術の革新による本格的な情報ネットワーク化時代が目前に迫る中、システム・情報を分析し、新しい経営組織構成原理の全体像に迫る。

2006年5月30日発行
ISBN978-4-7620-1391-1
C3334/336p
3200円

4 コンピュータとコミュニケーション
情報ネットワーク化時代の情報革新

情報ネットワーク化の進展がもたらす社会変革の様相を様々な論点から検証し、情報伝達手段の変容が社会にどのような変革をもたらすのか、多角的に論述。

2006年9月20日発行
ISBN978-4-7620-1392-8
C3334/340p
3200円

5 社会システムと社会情報
情報ネットワーク化時代の基本社会

多様化、複雑化の加速する現代社会において、どのように情報を読みとくことができるのか。今後、情報技術、情報思考、社会システムはどのように転化していくのか。包括的視点から、情報社会の未来を展望する。

2009年10月20日発行
ISBN978-4-7620-1994-4
C3334/336p
3200円

6 ネットとメディア（近刊）
情報ネットワーク化時代の社会基盤

森川ワールド：プラス（全4巻）

1 情報革新と経営革新
ISBN978-4-7620-2166-4　C3334/224p/2500円

2 情報革新と組織革新
ISBN978-4-7620-2226-5　C3334/258p/2600円

3 情報革新と社会革新
ISBN978-4-7620-2365-1　C3334/244p/2600円

価格は本体価格